ひとりで学べる！

中学生と高校生のための

はじめての韓国語

音声 ダウンロード

武井一 著

HANA

はじめに

　K-POPをはじめとする韓流ブームは衰えるところを知らず、韓国語を学ぶ中高生も増えています。しかし、大学や市民講座に比べて、中学校や高校で韓国語を学べる機会は多くありません。独学で学ぶ人が多いのです。筆者もそのような人に接することが多いのですが、残念ながら学び切れていないところが多くあることを感じていました。アドバイスをする人がいないからです。そこで、このような中高生に向けた本を作ろうと考えました。

　本書では筆者の授業の経験をもとに、韓国語の基礎を4週間で学べるようにしました。

　たまたま筆者が教えている学校の中に、1年生全員が韓国語か中国語を学習する高校があります。週1時間なので授業回数は全部で30回程度です。文字が読めること、自己紹介などの会話ができることが目標で、そのために必要なフレーズを覚えて言うことが会話練習の中心です。例えば「好きな○○」のように、本来なら連体形についての説明が必要なところも、「好きな」をあたかも1単語のように扱います。つまり、文法的な説明は必要最小限に絞るのです。ちょうど小学校の英語のイメージです。小学校の英語は、文法的なことを学習せずに自分の経験などを語れるようになっていました。それと同じです。

　では、始めましょう！　**思い立ったが吉日＝시작이 반이다**（シジャギパニダ：始めれば半分できたも同然）、**なせばなる＝하면 된다**（ハミョンテンダ：やればできる）です。

2025年4月　著者しるす

※この本の中では「韓国人」「日本人」という言葉を使いますが、それぞれ「韓国語を母語とする人」「日本語を母語とする人」を指すための便宜上の言葉として使っています。

韓国語とは

まずはこれから学ぶ韓国語について簡単に説明しておきます。

1. 日本語と語順がほぼ一緒

昨日 友だちと 一緒に 韓国の 歌手の コンサートに 行きました。
어제 친구랑 같이 한국 가수 콘서트에 갔어요.
オヂェ　チングラン　カチ　ハングㇰ　カス　コンソトゥエ　カッソヨ

2. 共通の漢語が多い

漢語(漢字語)は韓国語の単語の7割を占めます。その多くが日本語と共通し、どことなく発音も似ています。

家具 **가구**　無理 **무리**　高速道路 **고속도로**
　　カグ　　　　ムリ　　　　　コソㇰトロ

3. ハングルの仕組み

韓国語で使われる文字のことを「ハングル」と言います。ローマ字のようなもので、パーツを組み合わせて音を示します。パーツの数は母音字(「あいうえお」に当たる)10、子音字(「あかさたな」に当たる)14です。

例えば「ハングル」は**한글**と書き、ㅎ(h)、ㅏ(a)、ㄴ(n)、ㄱ(g)、ㅜ(u)、ㄹ(l)のパーツが組み合わさっています。

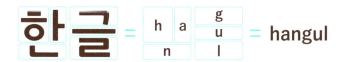

日本人は最初から韓国語の知識を持っていると言えます。英語とは違うところですね

目　次

はじめに　**2**
この本の特長　**4**

1 週目　まる覚えカタカナ会話表現

01 日目　**まる覚えフレーズ**　基本のあいさつと受け答え　**10**

02 日目　**1.〜です、〜ではありません**　名詞＋です　名詞＋ではありません　**14**
　　　　2.〜です　形容詞の表現　**16**

03 日目　**1.〜します**　動詞の表現　**18**
　　　　2.あります／います、ありません／いません　名詞＋あります／います
　　　　名詞＋ありません／いません　**20**

04 日目　**いつですか？　どこですか？**　韓国語の疑問詞　**22**

05 日目　**〜しました／〜かったです／〜でした**　過去形　**24**

06 日目　**〜しません／〜くないです／〜じゃないです**　否定　**26**

07 日目　**ハングルで「あいうえお」を読む・書く**　ハングル 50 音表　**28**

2 週目　文字と発音

08 日目　**ハングルの「あいうえお」①**　基本の母音と母音字　**34**

09 日目　**ハングルの「あいうえお」②**　合成母音字　**38**

10 日目　**ハングルの「あかさたな」①**　基本の子音と子音字　**42**

11 日目　**ハングルの「あかさたな」②**　激音と濃音　**46**

column　平音・激音・濃音区別のコツ　**50**

12 日目　**パッチム　ハングルの「ン」と「ッ」**　**52**

column　イントネーションのコツ　**56**

13 日目　**発音変化①**　連音化　ㅎの弱化　**58**

14 日目　**発音変化②**　濃音化　激音化　**62**

2 週目のおさらい　**66**

3週目　**基本の表現**

15日目　**私はユナです。**　〜は〜です　**70**
　column　スマホでハングルを書いてみよう　**74**
16日目　**ヂヨンさんがとっても好きです。**　〜が〜です　**76**
　column　人の呼び方の単語　**80**
17日目　**姉がいます。**　〜にいます／あります　〜もいます／あります　**82**
　column　日時や季節の単語　**86**
18日目　**毎日韓国語を勉強します。**　〜を〜します　〜で〜します　**88**
　column　学校関連の単語　**92**
19日目　**おととい、釜山に行きました。**　〜しました　〜でした　**94**
　column　数の数え方　**98**
20日目　**日本にいつ来ますか？**　いつ、どこ、誰、何、どんな　**100**
　column　助詞のまとめ　**104**
21日目　**私は中学3年生だよ。**　〜するよ　〜だよ　**106**
　3週目のおさらい　110

4週目　**いろいろな表現**

22日目　**ここ、座ってください。**　ヘヨ体の命令・勧誘　**114**
23日目　**まだ出発しません。**　ヘヨ体の否定　**118**
24日目　**ここ、お会計してください。**　依頼　**122**
25日目　**これ、一度食べてみてください。**　体験・試み　**126**
26日目　**映画館に行ってみたいです。**　希望　**130**
27日目　**先に食べてもいいです。**　許可　**134**
28日目　**窓を閉めなければいけません。**　義務・必要性　**138**
　4週目のおさらい　142

用言と三つの活用　**144**
用言のヘヨ体現在形と基本形の一覧表　**148**
中学生と高校生のための学習用単語リスト　**150**

5

この本の特長

特長1 韓国語を独学で学ぶ中高生を対象にした本！

本書は独学で学ぼうとする中学生と高校生に向けて書いたものです。すぐに使えるものを、ゼロから無理なく学べるようになっています。もちろん、学校の授業で韓国語を勉強している人や中高生以外の人でも使えるようになっています。

特長2 著者が高校の授業で1年かけて教える内容を1カ月で！

項目は著者が高校の授業でやっていることを基にしています。それを1カ月で学べるように構成しました。内容も中高生の興味に合わせたものを取り入れるようにしました。学習はなるべく順番通り進めてください。最後まで学習すると、簡単な自分の希望や願いを言ったり聞き取ったりできるようになります。また、ハングルで書かれているものを一通り読めるようになります。

特長3 早い段階から音に慣れるよう音声も充実！

学習するときに、特に注意してほしいことがあります。それは音声をよく聞いて、まねしてほしいということです。カタカナだけに頼ると本来の発音と離れてしまうことがあります。音声とピタリと合わせたシャドーイングができるようになることが理想です。

なお本書では、独学だけでは学習し切れないことにはあえて触れないことにしました。それに触れなくとも言いたいことは十分に言えるからです。ここで学習したことをステップにして、次の段階で学ぶようにしましょう。学習を進めるために必要なものは巻末にまとめてあります。

この本の構成と使い方

この本は4週間(28日＝28課)で韓国語の基本を学べるようになっています。週ごとの内容は次のように分かれています。

1週目「まる覚えカタカナ会話表現」
韓国語の基本的なフレーズをカタカナでまる覚えします。

2週目「文字と発音」
韓国語の文字と発音について、同時に単語も覚えていきます。

3週目「基本の表現」　4週目「いろいろな表現」
1週目で扱った表現を中心に韓国語の基本的な文法とそれを使ったフレーズ、さらに発展した内容まで学びます。

なお、各課の「例文(Ex.)」には、それまで学んだ文法を使って、実際に話したい内容を盛り込んでいます。

こうすれば、きっと上達！

1　ハングルの読み方に慣れるようにしましょう
韓国語の例にはフリガナを付けましたが、早くハングルの読み方に慣れるようにしましょう。発音が変化するときは発音通りのハングルも書いてあります。

☑ なるべくカタカナに頼らない

2　「例文」を何度も聞いて音読しましょう
音声をよく聞きましょう。その時、次のことに気を付けましょう。

☑ 何度も音読して自分のものにする
☑ 音声にピッタリ合わせて声を出す（シャドーイング）
☑ できればネイティブに聞いてもらう

3 「スキット(Skit)」では登場人物になりきって、音声の通りに発音できるようにしましょう

「スキット」では、ソラ(日本人高校生)、ヂフン(韓国人大学生)、スア(韓国人高校生・ヂフンの後輩)が登場します。この3人が日本で出会い、さまざまな会話を交わします。

☑ **3人の話し方に注目して音読練習！**

巻末資料 **用言と三つの活用** この先学習を続ける上で必要な韓国語の用言(動詞・形容詞など)の活用について解説しました。
用言のヘヨ体現在形と基本形の一覧表 この本で学んだ用言を一覧表にしました。

単語リスト 毎年実施されている「高校生のための韓国語検定」の単語と、この本で学んだ単語を加えた単語リストを付録にしました。

音声 2～4週目のすべての例文には韓国語の音声が準備されています。

本書の音声の利用方法

この本の中で、🔊と番号が表示された所には、韓国語と日本語の音声が用意されています。

① リンクから韓国語と日本語の音声をまとめてダウンロードできます

QRコードを読み込んで音声再生ページにアクセス

② ▶をクリックして韓国語の音声をトラックごとに再生できます

01 日目
02 日目

03 日目

04 日目

05 日目
06 日目
07 日目

まずは簡単なフレーズをまるごと覚えましょう。これだけで簡単なあいさつや自己紹介などができるようになります。カタカナを読むだけでも通じますが、音声を聞いて練習するようにしましょう。カタカナと違って聞こえる音は、自分の耳を信じてかまいません。カタカナの下にハングルも書いてあります。文字などを知りたい人は、2週目を見ながら進めてもいいですね。

 일일째

まる覚えフレーズ
基本のあいさつと受け答え

あいさつや日常会話で使える基本フレーズです。カタカナの通りにまるごと覚えましょう！

※それぞれのフレーズには文字が小さくなっている部分がありますが、まずは音声をまねして読んでみてください。

🔊 **001** 音声を聞きながら読んでみましょう。

こんにちは。
アンニョンハセヨ？
안녕하세요?

さようなら。（去る人に対して）
アンニョンヒガセヨ．
안녕히 가세요.

さようなら。（残る人に対して）
アンニョンヒゲセヨ．
안녕히 계세요.

友達同士なら「**アンニョン！**」とあいさつします。別れるときの「バイバイ」にも「**アンニョン！**」を使います

会えてうれしいです。
パンガウォヨ.
반가워요.

ありがとうございます。
コマウォヨ.
고마워요.

かしこまった場面では**カムサハムニダ**（감사합니다）と言います

大丈夫です。
クェンチャナヨ.
괜찮아요.

韓国語には丁寧な言い回しとため口があります。最後に**ヨ**が付いていれば丁寧な言い回しで、**ヨ**を取るとため口になります

002 音声を聞きながら読んでみましょう。

よろしくお願いします。
チャルプタケヨ．
잘 부탁해요．

ごめんなさい。
ミアネヨ．
미안해요．

「申し訳ありません」と丁寧に謝るときは**チェソンハムニダ**（죄송합니다）と言うこともあります

おめでとうございます。
チュカヘヨ．
축하해요．

面白いです。
チェミイッソヨ．
재미있어요．

つまらないです。
チェミオプソヨ．
재미없어요．

わかりました。
アラッソヨ.
알았어요.

わかりません。
モルラヨ.
몰라요.

丁寧に言うときには**アルゲッスムニダ**（わかりました）、**モルゲッスムニダ**（わかりません）と言います

その通りです。
マヂャヨ.
맞아요.

食べたいです。
モッコシポヨ.
먹고 싶어요.

食べています。
モッコイッソヨ.
먹고 있어요.

 이일째

1. 〜です、〜ではありません

名詞＋です　名詞＋ではありません

「〜です」の表現を覚えましょう。まずは「名詞＋**エヨ**」または「名詞＋**イエヨ**」の形です。どちらが付くかは15日目(P.70)で説明しますので、ここではカタカナ通りに覚えて練習してみましょう。

🔊 **003** 音声を聞きながら読んでみましょう。　

みゆです。
ミユエヨ．
미유예요.

学生です。
ハクセンイエヨ．
학생이에요.

 「児童」や「生徒」など、学校に通っている人はみんな**ハクセン**と言えます

友達だよ。
チングヤ．
친구야.

 ため口の場合は**エヨ**の部分が**ヤ**になります

14

「〜ではありません」は「名詞＋**アニエヨ**」です。「**アニエヨ**」だけで「違います」という意味にもなります。

ゆみではありません。
ユミ アニエヨ.
유미 아니에요.

大学生ではありません。
テハクセン アニエヨ.
대학생 아니에요.

恋人じゃないよ。
エイン アニヤ.
애인 아니야.

 アニヤは**アニャ**のように発音することもあります

 「私は」「私の」「私が」

「私は」は**チョヌン**、「私の」は**チェ**、「私が」は**チェガ**と言います。このページで習った例文と組み合わせると、**チョヌン ハクセンイエヨ**（私は学生です）、**チェガ ミユエヨ**（私がみゆです）、**チェ チングエヨ**（私の友達です）などの表現ができます。

このページの内容は15日目（P.70〜）でさらに詳しく学びます。

2. 〜です
形容詞の表現

次に「おいしいです」「美しいです」のような「〜です」の表現を覚えましょう。最後にヨが付かないため口の表現も加えました。

◀))) **004**　音声を聞きながら読んでみましょう。

きれいです。
イェッポヨ.
예뻐요.

うれしいです。
キッポヨ.
기뻐요.

痛いです。
アパヨ.
아파요.

アパヨには、「痛いです」の他に「(体の)具合が悪いです」という意味もあります

暑いです。
トウォヨ.
더워요.

| 1週目 02日目 〜です

| 寒いです。
| **チュウォヨ.**
| 추워요.

| 近いです。
| **カッカウォヨ.**
| 가까워요.

| ちょっと遠いです。
| **チョグム モロヨ.**
| 조금 멀어요.

ノムは「とても」「すごく」、**チョグム**は「ちょっと」「少し」で、いろいろな形容詞の表現と一緒に使えます

| すごくいい。／大好き。
| **ノム チョア.**
| 너무 좋아.

このページの内容は16日目(P.76〜)でさらに詳しく学びます。　17

03 日目 / 삼일째

1. ～します
動詞の表現

「～します」の表現を覚えましょう。まずはカタカナ通りに覚えて練習してください。

🔊 005 音声を聞きながら読んでみましょう。

行きます。
カヨ.
가요.

見ます。／会います。
ポァヨ.
봐요.

「会います」は**マンナヨ**とも言います。ある人と「約束」をして会うときに使います

します。
ヘヨ.
해요.

食事します。
シクサヘヨ.
식사해요.

日本語で「名詞＋します」が動詞になるように、「名詞＋**ヘヨ**」で動詞になるものもあります

約束します。
ヤクソケヨ．
약속해요.

コーヒー飲みます。
コピ マショヨ．
커피 마셔요.

韓国語勉強してる。
ハングゴ コンブヘ．
한국어 공부해.

ピザ食べる？
ピヂャ モゴ？
피자 먹어?

1週目 03日目 〜します

ため口は年上の人には絶対に使わないようにしてください。日本語の感覚で使ってはだめです！

---

tips ポァヨの意味はさまざま

ポァヨ（見ます／会います）は、「試験を受けます」を**シホムル ポァヨ**と表現するなど広い意味で用いられます。

このページの内容は18日目（P.88〜）でさらに詳しく学びます。

2. あります／います、ありません／いません

名詞＋あります／います　　名詞＋ありません／いません

「あります」と「います」の表現を覚えましょう。韓国語では両者を区別しません。名詞の後に**イッソヨ**を付ければ「〜あります／います」の意味です。「〜がいます／あります」のように助詞を使った表現もしますが、まずは助詞のない形で練習しましょう。

🔊 **006** 音声を聞きながら読んでみましょう。

| 1 | 2 | 3 | 4 | 5 |

ミーティングあります。
ミティン イッソヨ.
미팅 있어요.

韓国語の**ミティン**（ミーティング）には「合コン」の意味もあります

試験あります。
シホム イッソヨ.
시험 있어요.

関心あります。
クァンシム イッソヨ.
관심 있어요.

時間ある？
シガン イッソ？
시간 있어?

「ありません」と「いません」も区別しません。名詞の後に**オプソヨ**を付けると「○○ありません／いません」の意味になります。

お金ありません。
トン オプソヨ.
돈 없어요.

宿題ありません。
スクチェ オプソヨ.
숙제 없어요.

恋人いません。
エイン オプソヨ.
애인 없어요.

約束ないよ。
ヤクソク オプソ.
약속 없어.

 疑問形はイントネーションを変えるだけ

「○○ですか？」「○○ありますか？」のように尋ねる場合は、語尾を上げるイントネーションにすればOKです。それに対する「はい」「いいえ」は「**ネ**」と「**アニョ**」です。「はい」「いいえ」の区別は日本語をそのまま置き換えればよいです。

このページの内容は17日目（P.82〜）でさらに詳しく学びます。

 **04** 日目 사일째

いつですか？ どこですか？
韓国語の疑問詞

「いつですか？」「どこですか？」などの疑問の表現を覚えましょう。「いつ？」「どこ？」などの単語だけでも伝わりますよ。

🔊 **007** 音声を聞きながら読んでみましょう。　

| いつですか？
| **オンヂェエヨ？**
| 언제예요?

| どこですか？
| **オディエヨ？**
| 어디예요?

| なぜですか？
| **ウェヨ？**
| 왜요?

| これいくらですか？
| **イゴ オルマエヨ？**
| 이거 얼마예요?

 「これ」は**イゴ**、「それ」は**クゴ**、「あれ」は**チョゴ**と言います

誰？
ヌグ？
누구?

何？
ムォ？
뭐?

「誰ですか？」は**ヌグエヨ？**で「何ですか？」は**ムォエヨ？**です。**エヨ**のない疑問詞だけで尋ねることもできますが、ため口になります

よく使われる疑問の単語

ここで紹介したもの以外にも、**ミョッ**（何、いくつ）や、**オヌ**（どの、どちらの）、**オットケ**（どのように）などがあります。**ミョップニセヨ？**（何名さまですか？）、**オヌ ナラ サラミエヨ？**（どちらの国の人ですか？）のように使います。

오일째

～しました／～かった です／～でした

過去形

　過去形を覚えましょう。作り方は簡単です。**カヨ**（行きます）→**カッソヨ**（行きました）、**ワヨ**（来ます）→**ワッソヨ**（来ました）のように、最後の**ヨ**を**ッソヨ**に変えればよいのです。さらに**ヨ**を取れば過去形のため口になります。

008 音声を聞きながら読んでみましょう

ありました。
イッソッソヨ．
있었어요．

イッソヨ（あります）、**オプソヨ**（ありません）、**ポァヨ**（見ます、会います）、**チェミイッソヨ**（面白いです）の過去形です

ありませんでした。
オプソッソヨ．
없었어요．

見ました。
ポァッソヨ．
봤어요．

面白かったです。
チェミイッソッソヨ．
재미있었어요．

良かったです。
チョアッソヨ.
좋았어요.

食事しましたか？
シクサヘッソヨ？
식사했어요?

食べました。
モゴッソヨ.
먹었어요.

おいしかったです。
マシッソッソヨ.
맛있었어요.

寒かったよ。
チュウォッソ.
추웠어.

チョアヨ(良いです)、**シクサヘヨ？**(食事しますか?)、**モゴヨ**(食べます)、**マシッソヨ**(おいしいです)、**チュウォ**(寒い)の過去形です

1週目 05日目 〜しました／〜かったです／〜でした

---

tips 「ごはん食べた？」はあいさつ言葉

モゴヨは「食べます」の意味です。韓国の人と会うと、**モゴヨ**の過去形を使って**パム モゴッソヨ？**(ごはん食べましたか？)と聞かれることが多くありますが、これは「こんにちは」くらいの意味です。

このページの内容は19日目(P.94〜)でさらに詳しく学びます。

 육일째

～しません／～くないです／～じゃないです 否定

否定の形を覚えましょう。何通りかありますが、この本では覚えやすい**アン**が付く形を学習します。自分の行動に**アン**を使うときは、自分の意志であえてやらないことを意味します。

🔊 009 音声を聞きながら読んでみましょう。

行きません。
アン ガヨ.
안 가요.

 アンで区切らずに一息で発音します

食べません。
アン モゴヨ.
안 먹어요.

良くないです。
アン ヂョアヨ.
안 좋아요.

行きませんでした。
アン ガッソヨ.
안 갔어요.

26

遠くないです。
アン モロヨ．
안 멀어요.

辛くないですか？
アン メウォヨ？
안 매워요?

しません。
ア ネヨ．
안 해요.

寒くない？
アン チュウォ？
안 추워?

1週目 06日目 〜しません／〜くないです／〜じゃないです

「しません」は**アン ヘヨ**ですが一気に読むと**ア ネヨ**になります

このページの内容は23日目(P.118〜)でさらに詳しく学びます。 27

07日目 칠일째

ハングルで「あいうえお」を読む・書く

ハングル50音表

「あいうえお」をハングルで表記した一覧です。（ ）で示した文字は言葉の初め（一文字目・語頭）以外で使用します。「ん」は ㄴ、「っ」は ㅅ を下に付けて **린고**（りんご）、**싯포**（しっぽ）のようになります。

あ	아	い	이	う	우	え	에	お	오
か	가(카)	き	기(키)	く	구(쿠)	け	게(케)	こ	고(코)
さ	사	し	시	す	스	せ	세	そ	소
た	다(타)	ち	지(치)	つ	쓰/츠	て	데(테)	と	도(토)
な	나	に	니	ぬ	누	ね	네	の	노
は	하	ひ	히	ふ	후	へ	헤	ほ	호
ま	마	み	미	む	무	め	메	も	모
や	야			ゆ	유			よ	요
ら	라	り	리	る	루	れ	레	ろ	로
わ	와	を	오			ん	ㄴ	っ	ㅅ

28

例えばこんなふう
に表記できます

いぬ　→ 이누
ねこ　→ 네고
かがみ → 가가미
がか　→ 가카
ただ　→ 다다

1 p.28〜29の対照表を見ながら、ハングルを読んでみましょう。

①次のハングルに該当する都道府県名をひらがなで書いてください。

🔊hint! ハングルの1文字は日本語でもほぼ1文字です。同じ文字でも発音する際に濁ったり濁らなかったりする例があります。

아오모리

에히메

오카야마

가고시마

가나가와

시마네

나라

히로시마

미야자키

야마가타

②次のハングルも都道府県名です。ひらがなで書いてください。

🔊hint! 文字の下側に ㄴ を付けると「ん」、ㅅ を付けると「っ」を表します。

군마

돗토리

③次のハングルも都道府県名です。ひらがなで書いてください。

🔊hint! 「おう・おお（おー）」「にい（にー）」など、日本語で伸ばす音（長く発音する音）はハングルでは表記しません。

도쿄

니가타

홋카이도

答え　①あおもり／えひめ／おかやま／かごしま／かながわ／しまね／なら／ひろしま／みやざき／
　　　やまがた
　　　②ぐんま／とっとり
　　　③とうきょう／にいがた／ほっかいどう

1週目

07日目　ハングルで「あいうえお」を読む・書く

31

2 今度は、対照表を見ながら日本語をハングルで書いてみましょう。

① 次の日本語をハングルで書いてください。

🔊 hint! すべて韓国語でも同じ音のものです。伸ばす音は表記しません。「ん」と「っ」は文字の下側にそれぞれ**ㄴ**、**ㅅ**を付けます。

ホンダ

地理

ニッサン

ヤマハ

サイダー

万

無料

無理

インド

答え 혼다 / 지리 / 닛산 / 야마하 / 사이다 / 만 / 무료 / 무리 / 인도

次のような
特徴が分かり
ましたか？

◇同じ**가**なのに「か」であったり「が」であったりする。
◇同じ「か」なのに**가**であったり**카**であったりする。
◇う段は**ㅜ**で表すが、「す」「つ」「ず」「づ」だけは**ㅡ**で表すことになっている。
◇「ざ」と「じゃ」の区別がない。
◇「ん」「っ」を表すハングルは下側に付ける。
◇伸ばす音(長く発音する音)は書き表されない。
韓国語の音と文字については次章で詳しく説明します。

32

08 日目	34
09 日目	38
10 日目	42
11 日目	46
平音・激音・濃音区別のコツ	50
12 日目	52
イントネーションのコツ	56
13 日目	58
14 日目	62
	66

いよいよ本格的な学習です。まずは文字と発音について学びましょう。日本語にない音もあるので、音声に合わせて何回も練習するようにしましょう。発音が上手になると、音の聞き分けもできるようになります。発音や聞き取りがすぐにできなくとも、諦める必要はありません。時間をかけて繰り返して練習しているうちに身に付くものなのです。

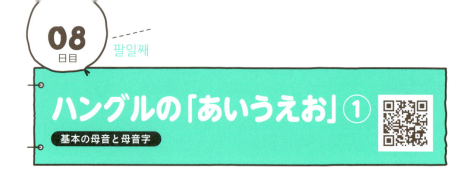

ハングルの「あいうえお」①
基本の母音と母音字

　ハングルは24のパーツを組み合わせます。「KA」のように母音と子音を組み合わせるイメージです。このうち、今日学ぶ ㅏ ㅓ ㅗ ㅜ ㅡ ㅣ ㅑ ㅕ ㅛ ㅠ が基本の母音を表す文字です。文字と発音の関係は文章だけで学ぶのは難しいので、QRコードから音声を何回も聞いたり、可能ならばネイティブに聞いてもらったりしましょう。

基本の母音字1　ㅏ ㅓ ㅗ ㅜ ㅡ ㅣ

　日本語の「ア、イ、ウ、エ、オ」に近い音を表す文字です。母音を表すときは、左か上に「ㅇ」を書きます。

🔊 010　※音声は矢印の順番に流れます(以下同)

音声を聞きながら読んでみましょう。

🔊 011 아 어 오 우 으 이

lesson! 書いて覚えましょう。

| 아 |
| 어 |
| 오 |
| 우 |
| 으 |
| 이 |

2週目 08日目 ハングルの「あいうえお」①

35

基本の母音字 2　ㅑ ㅕ ㅛ ㅠ

「ヤ行」の音を表す文字です。基本の母音字 1 に短い線が 1 本増えることで、야(ヤ = ya)のようにローマ字で Y が付く音を表します。

◁)) 012

try!　音声を聞きながら読んでみましょう。

◁)) 013　야 여 요 유

lesson!　書いて覚えましょう。

単語を覚えよう

 014 音声を聞きながら読んでみましょう。

アイ
아이
子ども

2週目　08日目　ハングルの「あいうえお」①

ウ ア
우아
わあ（驚く表現）

ウ ユ
우유
牛乳

ヨ ユ
여유
余裕

ヨ ウ
여우
キツネ

オ イ
오이
キュウリ

イ
이
この

イ ユ
이유
理由

オ
오
5

ハングルの「あいうえお」②
合成母音字

　その他の母音とそれを表す合成母音字を学びます。これで「エ段」や「ワ行」の音を表します。

合成母音字1　ㅐ ㅒ ㅔ ㅖ

「エ、イェ」の音を表す文字です。ㅏ、ㅑ、ㅓ、ㅕとㅣを組み合わせた形になっています。

🔊 015

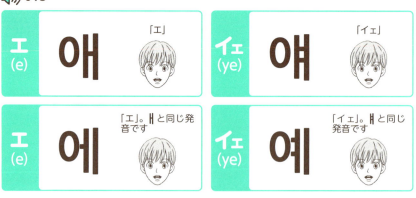

ㅖが子音と一緒に使われる場合は、ㅔで発音します。

 音声を聞きながら読んでみましょう。

🔊 016　애 얘 에 예

合成母音字2 ㅘ ㅝ ㅟ ㅚ ㅙ ㅞ ㅢ

「ワ行」の音を表す文字です。書かれている二つの母音を一気に発音した音になります。日本語よりも口を突き出すことがコツです。

🔊 017

의の読み方は3通り

① 語頭ではウィ：<u>의</u>자（ウィヂャ）いす
② 語中ではイ：회<u>의</u>（フェイ）会議
③ 日本語の「〇〇の」に当たるときはエ：우리<u>의</u> 희망（ウリエ ヒマン）私たちの希望

［覚え方］의의의 의미는 의의다（ウイイエ ウイミヌン いざダ）의의の意味は意義だ

 音声を聞きながら読んでみましょう。

🔊 018　오아→와　우어→워　우이→위
　　　　오애→왜　우에→웨　으이→의

lesson! 書いて覚えましょう。

애
에
얘
예
와
워
위
외
왜
웨
의

単語を覚えよう

🔊 019 音声を聞きながら読んでみましょう。 | 1 | 2 | 3 | 4 | 5 |

イェ
예
例

ヤ ウェ
야외
野外

イェイ
예의 [예이]
礼儀

ウェ
왜
なぜ

ウィ
위
上

ウェウォヨ
외워요
覚えます

ワ ヨ
와요
来ます

ウィウェ
의외
意外

ワ
와
うあ

エ イ
에이
A

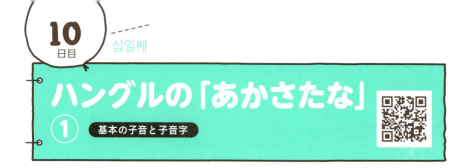

ハングルの「あかさたな」
① 基本の子音と子音字

　子音とそれを表す文字を覚えましょう。ㄱㄴㄷㄹㅁㅂㅅㅇㅈが基本の子音を表す文字です。これらの音は平音と呼ばれ、日本語の子音と発音が似ています。

平音 ㄱㄴㄷㄹㅁㅂㅅㅇㅈ

　基本の子音を表す文字です。日本語の子音を手掛かりに発音すればいいでしょう。それぞれの子音字とㅏを組み合わせて、**가나다라마바사아자**(ガナダラマバサアヂャ)と覚えるといいでしょう。

音声を聞きながら読んでみましょう。

🔊 020 **가 나 다 라 마 바 사 아 자**

2週目 10日目 ハングルの「あかさたな」①

子音字と母音字を組み合わせて書いてみましょう。

	ㅏ	ㅓ	ㅗ	ㅜ	ㅡ	ㅣ
ㄱ				구		
ㄴ	나					
ㄷ			도			
ㄹ		러				
ㅁ					므	
ㅂ		버				
ㅅ					스	
ㅇ						이
ㅈ	자					

43

語頭の音が「濁らない」(無声音化)

　ㄱ (ガ行)、ㄷ (ダ行)、ㅂ (バ行)、ㅈ (チャ行) の音は、言葉の一番前 (語頭) では、カ行、タ行、パ行、チャ行に聞こえます。つまり韓国語の語頭は濁らない (「゛」が付かない) のです。

　濁っている音 (有声音) が語頭で濁らずに発音されるこの現象を、無声音化と言います。

※ㄱㄷㅂㅈが語中で濁ることを「有声音化」と言う先生もいますが、どちらも同じことを指しています。

「プサン」「チェヂュ」をローマ字では「Busan」「Jeju」と書きます。実は、日本人とは違って韓国人は、平音が語中で濁り語頭では濁らないということを意識していません。韓国人にとっては「プサン」「チェヂュ」も「Busan」「Jeju」も同じ「**부산**」「**제주**」なのです

単語を覚えよう

 022　音声を聞きながら読んでみましょう。　1 2 3 4 5

2週目 10日目 ハングルの「あかさたな」①

モリ
머리
頭

ク　ドゥ
구두
革靴

カ　ス
가수
歌手

ケ
개
犬

ナ　ラ
나라
国

シ　ゲ
시계 [시게]
時計

ア　ボ　ヂ
아버지
お父さん

オ　モ　ニ
어머니
お母さん

クァヂャ
과자
お菓子

ヨ　リ
요리
料理

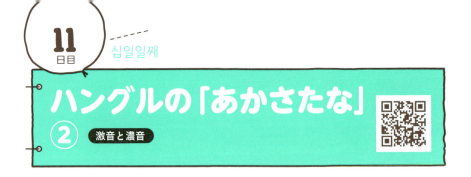

ハングルの「あかさたな」 ② 激音と濃音

子音の文字のうち、ㅋㅌㅍㅊㅎで表される音を激音といいます。また、平音ㄱㄷㅂㅅㅈを二つずつ並べたㄲㄸㅃㅆㅉで表される音を濃音といいます。

激音 ㅋㅌㅍㅊㅎ

激音は、日本語の「カ、タ、パ、チャ、ハ」に似た音ですが、もっと強く息を吐き出しながら発音する音です。発音するとき口の前にティッシュを垂らすと、ティッシュが激しく揺れるくらいの息の量で発音します。また、語頭でも語中でも常に濁りません。

ㅌはタ行の発音ですが、투は「ツ」ではなく「トゥ」、티は「チ」ではなく「ティ」と発音します

try! 音声を聞きながら読んでみましょう。

🔊 023 카 타 파 차 하

濃音 ㄲ ㄸ ㅃ ㅆ ㅉ

「まっか」「まったり」「やっぱり」「あっさり」「まっちゃ」の「ッカ」「ッタ」「ッパ」「ッサ」「ッチャ」に近い音です。「ッ」の口の形を意識しましょう。発音するときに息が出ないので、口の前にティッシュを垂らしてもティッシュが揺れません。語頭でも語中でも常に濁りません。

ㄸはタ行の発音ですが、뚜は「ツ」ではなく「トゥ」、띠は「チ」ではなく「ティ」と発音します

 音声を聞きながら読んでみましょう。

◁))) 024　까 따 빠 싸 짜

 韓国語にも「あいうえお」や「あかさたな」のような順番はありますか？

母音はㅏㅑㅐㅒㅓㅕㅔㅖㅗㅘㅙㅚㅛㅜㅝㅞㅟㅠㅡㅢㅣ、子音はㄱㄲㄴㄷㄸㄹㅁㅂㅃㅅㅆㅇㅈㅉㅊㅋㅌㅍㅎが基本の並び順です。母音の順番は「アヤオヨ順」、子音は「カナダラ順」と呼ぶこともあります

lesson! 子音と母音を組み合わせて書いてみましょう。

	ㅏ	ㅓ	ㅗ	ㅜ	ㅡ	ㅣ
ㅋ	카					
ㅌ		터				
ㅍ					프	
ㅊ			초			
ㅎ	하					
ㄲ						끼
ㄸ			또			
ㅃ				뿌		
ㅆ	싸					
ㅉ					쯔	

48

単語を覚えよう

🔊 025 音声を聞きながら読んでみましょう。 | 1 | 2 | 3 | 4 | 5 |

2週目 11日目 ハングルの「あかさたな」②

コチュ
고추
トウガラシ

チュイミ
취미
趣味

オッパ
오빠
(妹から見た)お兄さん

カマグィ
까마귀
カラス

コ
코
鼻

ト
또
また

ピオヨ
피어요
咲きます

ピッサヨ
비싸요
(値段が)高いです

チゲ
찌개
チゲ

トッキ
토끼
ウサギ

ウピョ
우표
切手

平音・激音・濃音区別のコツ

　ここまでに学習した子音について、発音する際のポイントをおさらいしておきましょう。日本語では区別しない音もあるので、発音のコツを覚えてください。

●同じ音の系列の文字は、それぞれ形が似ています。

	平音	激音	濃音
		ㅋ、ㅌ、ㅊは平音より一画多い	平音を二つ並べる
カ行系	ㄱ	ㅋ	ㄲ
タ行系	ㄷ	ㅌ	ㄸ
パ行系	ㅂ	ㅍ	ㅃ
サ行系	ㅅ		ㅆ
チャ行系	ㅈ	ㅊ	ㅉ

発音のポイント

　平音・激音・濃音を発音し分けられるよう練習しましょう。日本語は濁るか濁らないかで音を区別して発音しますが（例：金閣寺と銀閣寺）、韓国語では息の出方によって音を区別します。例えば、次の語句は日本語で読み方を書くと同じ表記になってしまいますが、韓国語ではそれぞれ発音も意味も異なります。まずは音声を聞いてみてください。

🔊 026　자요 寝ます　차요 冷たいです　짜요 塩辛いです

発音方法の練習

手のひらに息を当てたり口の前にティッシュを垂らしたりして、きちんと発音ができているか確認しながら練習してみましょう。

 平音　가 다 바 사 자
発音するときに口の前にティッシュを垂らすとティッシュが緩やかに揺れる

 激音　카 타 파 차
発音するときに口の前にティッシュを垂らすとティッシュが激しく鼻の前まで上がる

 濃音　까 따 빠 싸 짜
息を感じない。口の前にティッシュを垂らしてもティッシュが揺れない

 練習するときはオーバーに感じるくらいにやってみましょう！
濃音は日本語の「ッ」を意識して練習すると上手になりますよ

　発音の違いを意識してもう一度音声を聞き、平音、激音、濃音の違いを確認しながら発音練習してください。

　ここまでに説明したことの他にも、平音・激音・濃音は発音の際に高低のリズムにそれぞれの特徴が出ます。これについてはP.56で説明します。

안녕(アンニョン)のように、文字の下の部分に子音字が書かれることがあります。この部分をパッチム(**받침**)と呼びます。発音は ㄱ、ㄴ、ㄷ、ㄹ、ㅁ、ㅂ、ㅇ の 7 種類だけです。覚えやすいまとまりに分けて学んでいきましょう。ただし ㅂ、ㄷ、ㄱ と発音する文字にはいくつかの種類があります。

1.「ン」に聞こえるパッチム

🔊 027

ㅁ [m]	「パンも」と言うときの「ン」の口の形を意識してください。次の音を出すまで我慢して口を閉じましょう。本書では「ム」で表します。	アム **암**
ㄴ [n]	「パンに」と言うときの「ン」の口の形を意識してください。舌の先を上の歯の後ろに付けるか、軽く舌を噛みます。本書では「ン」で表します。	アン **안**
ㅇ [ng]	ㅇはパッチムでは [ng] の音を表します。「パンが」と言うときの「ン」の口の形を意識してください。口を開けたまま喉の奥から鼻へ一気に息を送り込みます。これも「ン」で表します。	アン **앙**

2.「ル」に聞こえるパッチム

🔊 028

| ㄹ [l] | 英語のLに近い音ですが、Lよりも少し後ろの上顎に舌をしっかりと付けます。巻き舌にならないようにしましょう。ウやイに聞こえることもあります。本書では「ル」で表します。 | アル
알 |

3.「ッ」に聞こえるパッチム

🔊 029

ㅂ [p] ㅍ	「ハッパ」と言うつもりで「パ」を発音する直前で止める口の形を意識してください。本書では「プ」で表します。	アプ 압
ㄷ [t] ㅌㅅㅆㅈㅊㅎ	「ハッタ」と言うつもりで「タ」を発音する直前で止める口の形を意識してください。本書では「ッ」で表します。	アッ 앋
ㄱ [k] ㄲㅋ	「ハッカ」と言うつもりで「カ」を発音する直前で止める口の形を意識してください。本書では「ク」で表します。	アク 악

4. 二重パッチム

🔊 030

　パッチムに子音が二文字ある二重パッチムの場合、二文字のうちどちらか一方の文字を読みます。

　多くはカナダラ順(ㄱㄴㄷㄹ…)で順番の早い方を読み、ㄻ、ㄿはそれぞれ右側の文字を読みます。

音声を聞きながら読んでみましょう。

🔊 031 감 간 강 갈 갑 갇 각

lesson! パッチムと組み合わせて書いてみましょう。空欄を埋めてください。

パッチム	가	나	드	로	무	비
ㅁ	감					
ㄴ				론		
ㅇ			등			
ㄹ					물	
ㅂ		납				
ㄷ						빈
ㄱ	각					

単語を覚えよう

🔊 032 音声を聞きながら読んでみましょう。 1 2 3 4 5

2週目 / 12日目 / パッチム

カン
강
川

ハ ヌル
하늘
空

ティケッ
티켓 [티켇]
チケット

ミ ヨク
미역
ワカメ

プ オク
부엌 [부억]
台所

ス ヨン
수영
水泳

モム
몸
体

コッ
꽃 [꼳]
花

ケ サン
계산 [게산]
計算、お会計

カ バン
가방
カバン

アプ
앞 [압]
前

イントネーションのコツ

　韓国語は、アクセントの違いによって「飴」と「雨」のように意味が変わることはありませんが、イントネーションのリズムはあります。このコツを身につけると、より自然に話せるようになります。

①激音、濃音、ㅅで始まる音は、最初の二つの音を高く発声します。

音が二つだけの場合はどちらも高く発声します。(高−高)

まずは日本語のイントネーションを参考にして高低のリズムの感覚をつかんでください

🔊 033

パート　　スター　　ひとつ

音が三つの場合、三つ目の音は低く下げます。(高−高−低)

🔊 034

韓国語　　コンサート　　出発します

②その他の音は低い音から高い音に上げます。(低−高)

`日本語で確認`

 歌

035
　　　　歌　　　　　　　歌手　　　　　　　行きます

三つ目の音は低く下げます。(低−高−低)

`日本語で確認`

 花が

036
　　　　辛いです　　　わかりません　　　カラオケ

①②とも、四つ目以降は意味の切れ目まで-高-低を繰り返します。

`日本語で確認`

花はきれい？

037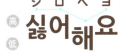
　　　　嫌いです　　　　ごめんなさい

文字の並び方によって発音が変わる「発音変化」を学びましょう。

1. パッチムの音と母音がつながる（連音化）

🔊 038

パッチムの後に母音が続くと、パッチムの音と母音がつながります。これを連音化といい、韓国語の発音の大きな特徴の一つです。**도야마**も**도얌아**も同じく「富山」と読めます。

パッチムㅁがㅇの部分に移って[으막]と発音されます。ウムマクではなくウマクと発音してください。ㄱ、ㄷ、ㅂ、ㅈは連音化するときには必ず濁ります。またㄷ＋이、ㅌ＋이は、それぞれ지、치になります。

[　]は実際の発音です。

コンビニ

一緒に

木曜日

편의점の의の発音は、語中なので「イ」になります（☞p.39）

二重パッチムの後に母音が続くときは、まず左側の子音を読み、右側の文字を次の母音とつなげます。

ただし、ㄶとㅀは、ㅎを読まずに左側の文字（ㄴ・ㄹ）を母音につなげます。

連音化に慣れるためには
どうしたらいいですか？

まずは文字を書きながら発音の練習をしてみましょう。ローマ字に置き換えてやってみるのも一つの手ですよ

2. ㅎが発音されない、弱まる（ㅎの弱化）

🔊 039

　좋아요(チョアヨ：いいです／好きです)のように母音と母音の間のㅎと、**미안해요**(ミアネヨ：ごめんなさい)のように「ン」や「ル」に聞こえるパッチムの後のㅎは、弱まってしまいほとんど聞こえません。その場合、前にある子音が連音化します。

いいです／好きです
좋아요 ➡ 죠아요 ➡ **조아요** チョアヨ
[母音ㅗとㅏの間にㅎ]　[ㅎの音が弱くなる]　実際の発音

電話
전화 ➡ 전놔 ➡ **저놔** チョヌァ
[パッチムㄴの後にㅎ]　[音が弱くなって連音化]　実際の発音

안녕하세요(アンニョンハセヨ)も**안녕히 가세요**(アンニョンヒ カセヨ)も**안녕아세요**(アンニョンアセヨ)**안녕이 가세요**(アンニョンイ カセヨ)と聞こえることがあります

単語を覚えよう

 040　音声を聞きながら読んでみましょう。 1 2 3 4 5

2週目　13日目　発音変化①

クミョイル
금요일
[그묘일]
金曜日

ハングゴ
한국어
[한구거]
韓国語

マンドゥロ ヨ
만들어요
[만드러요]
作ります

アラドゥロ ヨ
알아들어요
[아라드러요]
聞き取れます

カプ
값
[갑]
値段

クェンチャナ ヨ
괜찮아요
[괜차나요]
大丈夫です

ヨドル
여덟
[여덜]
8

ミアネヨ
미안해요
[미아내요]
ごめんなさい

シロヨ
싫어요
[시러요]
いやです

ムヌァ
문화
[무놔]
文化

61

発音変化②

濃音化　激音化

　パッチムの後に子音で始まる文字が続くときの読み方は、どのパッチムの後にどの子音が続くかによって変わりますので、そのルールを説明します。

1. 平音が濃音になる（濃音化）

🔊 041

　「ッ」に聞こえるパッチムの後にㄱ、ㄷ、ㅂ、ㅅ、ㅈが続く場合は、音が濁りません（゛が付きません）。そして、このときは後ろに続く子音が自然に濃音になります。これを濃音化といいます。

二重パッチムの次に子音で始まる文字が続くときは、読む方の文字を発音ルールに当てはめて考えればOKです。

鶏肉
닭고기 → 닥고기 → 닥꼬기　タッコギ
[ㄹㄱはㄱを発音する]　[ㄱ+ㄱはㄱ+ㄲに]　実際の発音

2. 平音が激音になる（激音化）

🔊 042

　[ㄱ][ㄷ][ㅂ]で発音するパッチムの後ろにㅎがあるとそれぞれㅋㅌㅍに、ㄱㄷㅈの前にㅎがあるとそれぞれㅋㅌㅊになります。これを激音化といいます。

練習します
연습해요 → 연습해요 → 연스패요　ヨンスペヨ
　　　　　　[ㅂ+ㅎはㅍに]　実際の発音

似ています
비슷해요 → 비슫해요 → 비스태요　ピステヨ
[パッチムㅅは[ㄷ]と発音]　[ㄷ+ㅎはㅌに]　実際の発音

そのように
그렇게 → 그럳게 → 그러케　クロケ
　　　　　　[ㅎ+ㄱはㅋに]　実際の発音

 単語を覚えよう

 043　音声を聞きながら読んでみましょう。 1 2 3 4 5

スッカ　ラク
숟가락
[숟까락]
さじ

チョッカ　ラク
젓가락
[젇까락]
箸

チェク　サン
책상
[책쌍]
机

ハクキョ
학교
[학꾜]
学校

ハク　セン
학생
[학생]
学生

モ　テ　ヨ
못 해요
[모 태요]
できません

タットゥテ　ヨ
따뜻해요
[따뜨태요]
温かいです

ペクァデョム
백화점
[배콰점]
デパート

オ　ットケ
어떻게
[어떠케]
どのように

❗ ハングルを書くときの注意点

　最初のうちは、この本の文字の形をまねて1画1画丁寧に書くようにしましょう。最初のうちはつたなく見えますが、書いているうちにこなれてきます。

　ㄱ、ㅅ、ㅈの曲線になっている部分を書くときは直線にします。母音の**ㅏ、ㅓ**は横棒が下がらないようにします（**가、나**が「フト」「レト」にならないように！）。**ㅅ**は漢字の「人」に似ていますが、直線を意識しましょう。

　本によって「**ㅇ、ㅈ、ㅊ**」は、*ㅇ*、*ㅈ*、*ㅊ*のようになっていますが、あまりこのようには書きません。

　実際に韓国人が書く文字には、字を傾けたり崩したりするなど、さまざまな個性が見られますが、韓国のサイト「naver 한글한글아름답게」では、そうした特徴を反映させた手書き文字の形を見ることができます。

　なお、韓国でも昔は筆で字を書いていたのでハングル書道もあります。また、ハングルをデザインとして用いることもあります。

手書きフォントの例。韓国「naver 한글한글아름답게
（https://clova.ai/handwriting/list.html）」より転載

著者のクラスで書かれたデザインハングル。左は**떡**(もち)が伸びている様子。右は**안녕**(やあ)と手を上げている様子。

2週目のおさらい

※正解は P.68

1. ハングルで書かれた次の単語を例のようにカタカナで書いてみましょう。

例 **오이** (オイ)

① **아이** (　　　　) ② **이유** (　　　　)

③ **개** (　　　　) ④ **예** (　　　　)

⑤ **우유** (　　　　) ⑥ **가수** (　　　　)

⑦ **왜** (　　　　) ⑧ **취미** (　　　　)

2. 次の日本語に対応する韓国語を下の選択肢の中から選んで書きましょう。

① 5 (　　　　) ② 来ます (　　　　)

③ 母 (　　　　) ④ 父 (　　　　)

⑤ チゲ (　　　　) ⑥ 高いです (　　　　)

⑦ トウガラシ (　　　　) ⑧ 学校 (　　　　)

학교、나라、아버지、요리、오、비싸요、피워요、
와요、화장실、고추、어머니、찌개、과자

3．ハングルで書かれた次の単語の読み方に、最も近いカタカナ表記を
　　１つずつ選びましょう。

① **안녕** 　　（アムニョン、アンニョン、アンニョム）

② **김치** 　　（キムヂ、キンチ、キムチ）

③ **여덟** 　　（ヨドル、ヨドルプ、ヨドプ）

④ **그렇게** 　（グロゲ、クロゲ、クロケ）

⑤ **금요일** 　（クムヨイル、クミョイル、クムミョイル）

⑥ **괜찮아요** （クェンチャンハヨ、クェンチャンアヨ、クェンチャナヨ）

4．音声を聞いて、発音された音を表記しているものを選びましょう。

🔊 044

① **아、오** 　　　② **유、우** 　　　③ **우、으**

④ **어、오** 　　　⑤ **나、가** 　　　⑥ **마、라**

⑦ **가、카** 　　　⑧ **다、따** 　　　⑨ **모、부**

⑩ **수、스** 　　　⑪ **삐、피** 　　　⑫ **개、과**

⑬ **알、안** 　　　⑭ **앝、악** 　　　⑮ **암、안**

⑯ **압、앙**

67

5. 音声を聞いて、読まれた韓国語の意味として適切なものを選びましょう。

🔊 045

① こども、キュウリ

② これ、5

③ キツネ、牛乳

④ 余裕、理由

⑤ 母、父

⑥ 猫、犬

⑦ 料理、頭

⑧ また、鼻

⑨ なぜ、上

⑩ 趣味、カラス

⑪ 安いです、高いです

⑫ 冷たいです、寝ます

⑬ 学校、学生

⑭ いいです、いやです

⑮ 音楽、紙

⑯ 練習します、暖かいです

正解

1. ①アイ ②イユ ③ケ ④イェ ⑤ウユ ⑥カス ⑦ウェ ⑧チュィミ

2. ①오 ②와요 ③어머니 ④아버지 ⑤찌개 ⑥비싸요 ⑦고추 ⑧학교

3. ①アンニョン ②キムチ ③ヨドル ④クロケ ⑤クミョイル ⑥クェンチャナヨ)

4. ①아 ②우 ③으 ④어 ⑤나 ⑥라 ⑦가 ⑧다 ⑨모 ⑩스 ⑪삐 ⑫과 ⑬안 ⑭악 ⑮암 ⑯압

5. ①こども(아이) ②5(오) ③牛乳(우유) ④理由(이유) ⑤父(아버지) ⑥犬(개) ⑦料理(요리)
⑧鼻(코) ⑨なぜ(왜) ⑩趣味(취미) ⑪高いです(비싸요) ⑫冷たいです(차요) ⑬学生(학생)
⑭いやです(싫어요) ⑮音楽(음악) ⑯練習します(연습해요)

15 日目　　　　　　　　70
　　column　スマホでハングルを書いてみよう　74
16 日目　　　　　　　　　　　76
　　column　人の呼び方の単語　80
17 日目　姉がいます　82
　　column　日時や季節の単語　86
18 日目　　　　　　　　　　　88
　　column　学校関連の単語　92
19 日目　おとうい、聞いて行きました　94
　　column　数の数え方　98
20 日目　日本について　100
　　column　助詞のまとめ　104
21 日目　　　　　　106
　　　　　　　　　110

> ここで基本的な会話ができるようにしましょう。助詞や「〜です」「〜があります」「〜します」、疑問詞などの使い方を学びます。過去の言い方や、ため口（パンマル）についても触れます。例文やスキットなどは音声にあわせて練習しましょう。抑揚や切り方にも気を付けてください。後は単語を増やすだけです。

15日目 십오일째

저는 유나예요.
私はユナです。 〜は〜です

　韓国語の語順は日本語と一緒です。基本的な表現と助詞(てにをは)を覚えれば、簡単なことは言えるようになります。ここでは名詞に**예요/이에요**を付けて**〜는/은 〜예요/이에요**(〜は〜です)という表現を覚えましょう。直前の文字にパッチムがあるかないかで形が変わります。

〜は
パッチムなし／あり

는 / 은
ヌン　　ウン

「は」は直前の文字にパッチムがなければ**는**、あれば**은**になります。「〜です」は直前の文字にパッチムがなければ**예요**、あれば**이에요**になります。**가/이 아니에요**も同様です

〜です
パッチムなし／あり

예요 / 이에요
エヨ　　　イエヨ

〜ではありません
パッチムなし／あり

가/이 아니에요
ガ　イ　　アニエヨ

姉は先生です。
언니는 선생님이에요.
オンニヌン　　ソンセンニミエヨ

学生ではありません。
학생이 아니에요.
ハクセンイ　　アニエヨ

トイレはそこです。
화장실은 거기예요.
ファヂャンシルン　　コギエヨ

ここではありません。
여기가 아니에요.
ヨギガ　　　アニエヨ

語彙 언니[オンニ](妹から見た)姉　선생님[ソンセンニム]先生　화장실[ファヂャンシル]トイレ　거기[コギ]そこ　여기[ヨギ]ここ

音声を聞きながら読んでみましょう。

🔊 046

1 | 私はユナです。

저는 유나예요.
　　　　유나에요
チョヌン　　ユナエヨ

語彙　저[チョ]私

「私」は**저**、「私の」と言うときは**제**です

2 | 私の名前は高井かりんです。

제 이름은 다카이 가린이에요.
　　이르믄　　　다카이 가리니에요
チェ　イルムン　　タカイ カリニエヨ

語彙　제[チェ]私の　이름[イルム]名前

3 | 中学生ではありません。

중학생이 아니에요.
중학생이
チュンハクセンイ　　アニエヨ

語彙　중학생[チュンハクセン]中学生

4 | 高校生です。

고등학생이에요.
고등학쌩이에요
コドゥンハクセンイエヨ

語彙　고등학생[コドゥンハクセン]高校生

 主語は省略できる

日本語で主語を言わないときは、同じように韓国語でも言いません。
例　안녕하세요? 저는 박진우예요. こんにちは。私はパク・チヌです。
저는(私は)は省略しても構いません。

5 趣味は音楽鑑賞です。

취미는 음악 감상이에요.

　　　　　으막 깜상이에요
チュイミヌン　ウマㇰ カㇺサンイエヨ

語彙 감상 [カㇺサン] 鑑賞

6 夢はダンサーです。

꿈은 댄서예요.
꾸믄　　땐써예요
クムン　テンソエヨ

外来語は濃音で発音されることがあります

語彙 꿈 [クㇺ] 夢　댄서 [テンソ] ダンサー

7 歌手じゃないんですか？

가수가 아니에요?
カスガ　　　アニエヨ

練習　次のAとBの単語を組み合わせて「AはBです」という文を作ってみましょう。

① A **내일** 明日　B **콘서트** コンサート

② A **우리** 私たち　B **학생** 学生

答え　①내일은 콘서트예요. [ネイルン コンソトゥエヨ]　②우리는 학생이에요. [ウリヌン ハㇰセンイエヨ]

Skit

音声を聞きながら読んでみましょう。

🔊 048

A: 안녕하세요? 제 이름은 최지훈이에요.
こんにちは。 私の名前はチェ・ヂフンです。
アンニョンハセヨ   チェ イルムン   チェヂフニエヨ
              이르믄   최지후니에요

B: 저는 소라예요.
私はそらです。
チョヌン ソラエヨ
       소라에요

A: 소라 씨는 한국 사람이에요?
そらさんは韓国人ですか?
ソラ シヌン ハングッ サラミエヨ
         한국 싸라미에요

B: 아뇨. 일본 사람이에요.
いいえ。 日本人です。
アニョ   イルボン サラミエヨ
       일본 싸라미에요

A: 반가워요.
会えてうれしいです。
パンガウォヨ

「はい」は 예/네、「いいえ」は 아뇨 です。疑問文は文の最後を上げて発音します

語彙 안녕하세요[アンニョンハセヨ]こんにちは 씨[シ]~さん 한국[ハングッ]韓国 사람[サラム]人 아뇨[アニョ]いいえ 일본[イルボン]日本 반가워요[パンガウォヨ]会えてうれしいです

スマホでハングルを書いてみよう

　ハングルの読み方と一部の単語について学んだところで、スマホでのハングル入力に挑戦してみましょう。入力方法は数種類ありますが、ここでは最も標準的で多く使われている「2 ボル式」という入力方法について説明します。まずはスマホへのキーボード設定から行いましょう。

まずはスマホにハングルのキーボードを設置

それぞれのスマホでハングルのキーボードを使えるように設定してください。Android の場合は機種ごとに設定方法が異なりますので、「機種名＋ハングルキーボード」で検索してください。

標準的なハングル入力方法「2 ボル式」

두벌식(トゥボルシク、2 ボル式)は、ハングルを子音キーと母音キーの二つの組み合わせで入力する方式です。もともとパソコンの入力方式ですが、スマホでもこれが標準となっています。では、入力の仕方を説明します（以下、iPhone のハングル入力画面を参考にします）。

①まずキーボードの地球マークを長押しすると、ハングルを入力するためのキーボードを選ぶことができます。

②これがハングルのキーボードです。両手でスマホを持ち、左の親指で子音を、右の親指で母音を打つ人が多いようです。

③②の画面で左下の「⇧」をタップすると、キーボードの上部に濃音(ㄲ ㄸ ㅃ ㅆ ㅉ)と合成母音字(ㅐ ㅔ)が表示されます。

④②や③の画面で左下の「123」キーを押すと、数字や記号を入力するキーボードに切り替わります。

⑤子音＋母音、または子音＋母音＋子音の書き順通りにキーを打つと1文字になります。例えば「시(詩)」と入力してみたい場合、「ㅅ」に続けて「ㅣ」を打ちます。

パッチムは母音キーに続けて子音キーを入力すると自動的にパッチムの位置に入力されます。

合成母音字は子音に続けて母音キーを二つ続けて入力します。このときも書き順通りにキーを入力します。

과(課)　　ㄱ ⇨ ㅗ ⇨ ㅏ ➡ 과

二重パッチムも書き順通りに打てば問題ありません。

닭(鶏)　　ㄷ ＋ ㅏ ＋ ㄹ ＋ ㄱ ➡ 닭

これでハングルの入力方法は一通り学んだことになります。試しに2章で学んだ単語を入力してみましょっ！

この2ボル式では、一部の記号の配列が日本語キーボードとは異なりますので、パソコンで入力をする場合は韓流ショップなどで売っているハングルのキーボードシールをパソコンの各キーに貼っておくと便利です

지영 언니가 너무 좋아요.
ヂヨンさんがとっても好きです。
〜が〜です

「(名詞)です(**예요/이에요**)」以外に「(形容詞)です」という表現もあります。その単語だけで「〜です」の意味になります。あわせて助詞「〜が(**가/이**)」の説明もします。

〜が
パッチムなし／あり
가 / 이
ガ　イ

〜です（形容詞）
いいです　　いやです
좋아요　싫어요
チョアヨ　　シロヨ

悲しいです　　大きいです
슬퍼요　커요
スルポヨ　　コヨ

…etc.

背が高いです。
키가 커요.
キガ　　コヨ

試験が難しいです。
시험이 어려워요.
シホミ　　　オリョウォヨ

「が」は**가**と**이**です。直前の文字にパッチムがなければ**가**、あれば**이**になります

語彙　**키**[キ]背　**시험**[シホム]試験　**어려워요**[オリョウォヨ]難しいです

音声を聞きながら読んでみましょう。

🔊 049

1 | デヨンさんがとっても好きです。

지영 언니가 너무 좋아요.

조아요

デヨン　　オンニガ　　ノム　　チョアヨ

語彙 너무[ノム]とても

2 | このお姉さんはファンが多いです。

이 언니는 팬이 많아요.

　　　　　　패니　　마나요

イ　　オンニヌン　　ペニ　　マナヨ

語彙 이[イ]この　팬[ペン]ファン

女性が年上の女性を親しみを込めて**언니**と呼ぶことがあるんですよね！

3 | 顔がかわいいです。

얼굴이 예뻐요.

얼구리

オルグリ　　イェッポヨ

語彙 얼굴[オルグル]顔　예뻐요[イェッポヨ]かわいいです

4 | コンサートが楽しいです。

콘서트가 즐거워요.

콘써트가

コンソトゥガ　　チュルゴウォヨ

語彙 즐거워요[チュルゴウォヨ]楽しいです

 韓国語の「こそあど」

韓国語にも「この」「その」「あの」に当たる単語があります。それぞれ**이**(イ)、**그**(ク)、**저**(チョ)です。「これ」「それ」「あれ」は**이거**(イゴ)、**그거**(クゴ)、**저거**(チョゴ)です。

3週目 16日目　지영 언니가 너무 좋아요. デヨンさんがとっても好きです。

77

🔊 050

5 踊りが本当にすごいです。

춤이 정말 대단해요.

추미   대다내요
チュミ   チョンマル   テダネヨ

語彙 춤[チュム]踊り、ダンス   정말[チョンマル]本当に   대단해요[テダネヨ]すごいです

6 アイドルがうらやましいです。

아이돌이 부러워요.

아이도리
アイドリ   プロウォヨ

語彙 아이돌[アイドル]アイドル   부러워요[プロウォヨ]うらやましいです

7 毎日幸せですか？

매일 행복해요?

       행보캐요
メイル   ヘンボケヨ

語彙 매일[メイル]毎日   행복해요[ヘンボケヨ]幸せです

練習 空欄に入る助詞を下から選んで文を完成させてください。

① 저（　）오빠（　）싫어요! 私はお兄ちゃんが嫌いです！

② 선생님（　）몸（　）좋아요. 先生は体格がいいです。

은	요	가	는	오	이

答え ①는 / 가 [チョ<u>ヌン</u> オッパ<u>ガ</u> シロヨ] ②은/ 이 [ソンセンニ<u>ムン</u> モ<u>ミ</u> チョアヨ]

音声を聞きながら読んでみましょう。

🔊 051

僕は大学生です。
A: 저는 대학생이에요.
　　　　　　　대학쌩이에요
　チョヌン　テハヶセンイエヨ

留学生ですか?　　　　　　　韓国語が楽ですか?
B: 유학생이에요? 한국말이 편해요?
　　유학쌩이에요　　　　　한궁마리　　　퍼내요
　ユハヶセンイエヨ　　　ハングンマリ　　ピョネヨ

はい。　日本語は難しいです。
A: 네. 일본어는 어려워요.
　　　　일보너는
　ネ　　イルボノヌン　　　オリョウォヨ

そらさんは名前がかわいいです。
소라 씨는 이름이 예뻐요.
　　　　　　　이르미
　ソラ シヌン　　　イルミ　　　イェッポヨ

いえいえ。　恥ずかしいです。
B: 아니에요. 부끄러워요.
　アニエヨ　　　　　プックロウォヨ

 한국말의 発音は[한궁말]です(☞ P.164)

語彙　대학생[テハヶセン]大学生　유학생[ユハヶセン]留学生　한국말[ハングンマル]韓国語　편해요[ピョネヨ]楽です　일본어[イルボノ]日本語　부끄러워요[プックロウォヨ]恥ずかしいです

3週目

16日目

지영 언니가 너무 좋아요. 지영さんがとっても好きです。

人の呼び方の単語

「父」「おばさん」などの家族や親戚関係、「先生」「同級生」など学校での人間関係に関する単語を集めました。親戚関係の単語は、実の親戚でなくても親しい間柄の人に使うことがあります。

🔊 052

- **남자** [ナムヂャ] 男
- **여자** [ヨヂャ] 女
- **저** [チョ] 私(わたくし)
- **제** [チェ] 私(わたくし)の
- **저희** [チョヒ／저히] 私(わたくし)たち
- **나** [ナ] 私
- **내** [ネ] 私の
- **우리** [ウリ] 私たち
- **아버지** [アボヂ] お父さん
- **어머니** [オモニ] お母さん
- **아빠** [アッパ] パパ
- **엄마** [オムマ] ママ

🔊 053

- **형** [ヒョン] (弟から見た)お兄さん
- **오빠** [オッパ] (妹から見た)お兄さん
- **누나** [ヌナ] (弟から見た)お姉さん
- **언니** [オンニ] (妹から見た)お姉さん
- **동생** [トンセン] 弟／妹
- **남동생** [ナムドンセン] 弟
- **여동생** [ヨドンセン] 妹
- **할아버지** [ハラボヂ／하라버지] (父方の)おじいさん
- **할머니** [ハルモニ] (父方の)おばあさん
- **외할아버지** [ウェハラボヂ／외하라버지] (母方の)おじいさん
- **외할머니** [ウェハルモニ] (母方の)おばあさん
- **가족** [カヂョク] 家族

🔊 054

☐ **친척** 親戚
[チンチョク]

☐ **아들** 息子
[アドゥル]

☐ **딸** 娘
[タル]

☐ **사촌** いとこ
[サチョン]

❗ 年上のいとこは**사촌 오빠/사촌 형/사촌 언니/사촌 누나**、年下のいとこは**사촌 동생**のように言います。

☐ **삼촌** (父方の主に未婚の)おじさん
[サムチョン]

☐ **외삼촌** (母方の)おじさん
[ウェサムチョン]

❗ その他、父の兄弟に当たるおじさんを**큰아버지**(父の兄)/**작은아버지**(父の弟)、その妻に当たるおばさんを**큰어머니**(父の兄の妻)/**작은어머니**(父の弟の妻)と呼びます。

☐ **고모** (父方の)おばさん
[コモ]

☐ **이모** (母方の)おばさん
[イモ]

☐ **조카** おい／めい
[チョカ]

🔊 055

☐ **아저씨** おじさん
[アヂョッシ]

☐ **아주머니** おばさん
[アヂュモニ]

☐ **학생** 生徒、学生、児童
[ハクセン／학쌩]

☐ **남학생** 男子生徒・学生・児童
[ナマクセン／나막쌩]

☐ **여학생** 女子生徒・学生・児童
[ヨハクセン／여학쌩]

☐ **선생님** 先生
[ソンセンニム]

☐ **쌤** (親しい先生の呼び方)せんせー
[セム]

☐ **교사** 教師
[キョサ]

☐ **담임** 担任
[タミム／다밈]

☐ **~ 학년** ～年生
[ハンニョン／항년]

☐ **친구** 友達
[チング]

☐ **동창생** 同級生
[トンチャンセン]

☐ **졸업생** 卒業生
[チョロプセン／조럽쌩]

☐ **선배** 先輩
[ソンベ]

☐ **후배** 後輩
[フベ]

3週目

16日目 人の呼び方の単語

81

17日目 십칠일째

언니가 있어요.
姉がいます。

~にいます／あります　　~もいます／あります

ここでは**~에 있어요**(〜にいます／あります)、**~도 있어요**(〜もいます／あります)などの表現を覚えましょう。「います」と「あります」、「いません」と「ありません」は、それぞれ同じ単語で表します。

〜に	います／あります	いません／ありません
에 エ	**있어요** イッソヨ	**없어요** オㇷ゚ソヨ

〜も
도 ト／ド

家に小犬がいます。
집에 강아지가 있어요.
チベ　　カンアヂガ　　　イッソヨ

土曜日は授業もありません。
토요일은 수업도 없어요.
トヨイルン　　スオㇷ゚ト　　オㇷ゚ソヨ

「に」は**에**、「も」は**도**で、直前の文字にパッチムがあってもなくても同じ形です。**에**は場所・時間・方向などを表します

語彙　집[チㇷ゚]家　강아지[カンアヂ]小犬　토요일[トヨイル]土曜日　수업[スオㇷ゚]授業

82

音声を聞きながら読んでみましょう。

🔊 056

1 姉がいます。

언니가 있어요.
이써요
オンニガ　　　イッソヨ

> 동생は弟と妹のどちらにも使います。区別するときは、弟：**남동생**(ナムドンセン)、妹：**여동생**(ヨドンセン)と言います

2 弟／妹はいません。

동생은 없어요.
업써요
トンセンウン　　オプソヨ

3 両親は家にいらっしゃいます。

부모님은 집에 계세요.
부모니믄　　　　　　계세요
プモニムン　　　チベ　　ケセヨ

> 계세요は 있어요の敬語です。自分の親について話すときも敬語を使います

語彙 부모님[プモニㇺ]両親　계세요[ケセヨ]いらっしゃいます

4 K-POPに興味があります。

케이팝에 관심이 있어요.
케이파베　　　관시미　　　이써요
ケイパベ　　　クァンシミ　　イッソヨ

語彙 케이팝[ケイパㇷ゚]K-POP　관심[クァンシㇺ]関心、興味

---

tips 語尾のイントネーションのコツ

요が付く文が肯定文のとき、語尾のイントネーションは**있어요**のように、**요**の直前を高く上げてから下げて発音します。疑問文の場合は、**있어요?** のように요の直前を下げてから上げます。

83

🔊 057

5 好きな歌手はいますか？

좋아하는 가수가 있어요?
チョアハヌン　　カスガ　　이써요
　　　　　　　　　　　　イッソヨ

語彙　좋아하는[チョアハヌン]好きな〜

6 この本も面白いです。

이 책도 재미있어요.
　　책또　　재미이써요
イ　チェクト　チェミイッソヨ

語彙　책[チェク]本　재미있어요[チェミイッソヨ]面白いです

「面白いです」は **재미가 있어요**(チェミガ イッソヨ)、「おいしいです」は **맛이 있어요**(マシッソヨ)とも言います

7 ごはんがおいしかったです。

밥이 맛있었어요.
바비　　마시써써요
パビ　　マシッソッソヨ

語彙　밥[パプ]ごはん(食事)　맛있어요[マシッソヨ]おいしいです

「まずいです」は **맛없어요** ですが、「マソプソヨ」ではなく「マドプソヨ」と発音するので注意してください

練習　次の単語を使って「〇〇がいます／あります」の文を作ってみましょう。

① **고양이** 猫

_____.

② **아들** 息子

_____.

答え　①고양이가 있어요 [コヤンイガ イッソヨ]　②아들이 있어요 [アドゥリ イッソヨ]

Skit

 音声を聞きながら読んでみましょう。

🔊 058

韓国人の友達もいますか？
A: 한국 친구도 있어요?
　　ハングㇰ　チングド　イッソヨ

はい。います。
B: 네. 있어요.
　　ネ　　イッソヨ

もしかして彼氏ですか？
A: 혹시 남자 친구예요?
　　ホㇰシ　ナムヂャ　チングエヨ

친구とは同年代の友人のことを言います

違いますよ！　　　ただの友達です。
B: 아니에요! 그냥 친구예요.
　　アニエヨ　　　クニャン　チングエヨ

語彙　혹시[ホㇰシ]もしかして　남자 친구[ナムヂャ チング]彼氏、ボーイフレンド　아니에요[アニエヨ]違います　그냥[クニャン]ただの

3週目

17日目　언니가 있어요. 姉がいます。

85

日時や季節の単語

「あした」「1月」「月曜日」「春」などの時や月、曜日、季節を表す単語を集めました。韓国の人は記念日を大切にしますので、そのような単語も紹介します。

🔊 059

- 월요일 月曜日
[ウォリョイル／워료일]
- 화요일 火曜日
[ファヨイル]
- 수요일 水曜日
[スヨイル]
- 목요일 木曜日
[モギョイル／모교일]
- 금요일 金曜日
[クミョイル／그묘일]
- 토요일 土曜日
[トヨイル]
- 일요일 日曜日
[イリョイル／이료일]
- 이번 今回
[イボン]
- 다음 次
[タウム]
- 지난주 先週
[チナンデュ]
- 이번 주 今週
[イボン チュ／이번 쭈]
- 다음 주 来週
[タウム チュ／다음 쭈]

🔊 060

- 일월 1月
[イルォル／이뤌]
- 이월 2月
[イウォル]
- 삼월 3月
[サムォル／사뭘]
- 사월 4月
[サウォル]
- 오월 5月
[オウォル]
- 유월 6月
[ユウォル]
- 칠월 7月
[チルォル／치뤌]
- 팔월 8月
[パルォル／파뤌]
- 구월 9月
[クウォル]
- 시월 10月
[シウォル]
- 십일월 11月
[シビルォル／시비뤌]
- 십이월 12月
[シビウォル／시비월]

🔊 061

- **지난달** 先月
  [チナンダル]
- **이번 달** 今月
  [イボン タル／이번 딸]
- **다음 달** 来月
  [タウム タル／다음 딸]
- **봄** 春
  [ポム]
- **여름** 夏
  [ヨルム]
- **가을** 秋
  [カウル]
- **겨울** 冬
  [キョウル]
- **올해** 今年
  [オレ／오래]
- **내년** 来年
  [ネニョン]
- **작년** 去年
  [チャンニョン／장년]
- **지금** 今
  [チグム]
- **어제** 昨日
  [オヂェ]
- **그제** おととい
  [クヂェ]
- **오늘** 今日
  [オヌル]
- **내일** あした
  [ネイル]

🔊 062

- **모레** あさって
  [モレ]
- **아침** 朝、朝食
  [アチム]
- **낮** 昼
  [ナッ／낟]
- **저녁** 夕方、夕食
  [チョニョッ]
- **밤** 夜
  [パム]
- **오전** 午前
  [オヂョン]
- **오후** 午後
  [オフ]
- **평일** 平日
  [ピョンイル]
- **주말** 週末
  [チュマル]
- **휴일** 休日
  [ヒュイル]
- **휴가** 休暇
  [ヒュガ]
- **방학** 学期休み
  [パンハク]
- **생일** 誕生日
  [センイル]
- **기념일** 記念日
  [キニョミル／기녀밀]
- **백일** 付き合って100日
  [ペギル／배길] 目の記念日

3週目

17日目

日時や季節の単語

87

18日目 십팔일째

매일 한국어를 공부해요.
毎日韓国語を勉強します。
〜を〜します　〜で〜します

「〜します」に当たる動詞の表現はいくつかありますが、ここではよく使われる요で終わる形を覚えましょう。この形をヘヨ(해요)体といいます。「を」「で」に当たる助詞를/을、에서も解説します。

〜を
パッチムなし／あり
를 / 을
ルル　　ウル

〜で
에서
エソ

〜します（動詞）
行きます
가요
カヨ

食べます
먹어요
モゴヨ

見ます／会います
봐요
ポァヨ

…etc.

キムチを食べます。
김치를 먹어요.
キムチルル　モゴヨ

ビビンバを食べます。
비빔밥을 먹어요.
ピビムパブル　モゴヨ

学校で会います。
학교에서 봐요.
ハッキョエソ　ポァヨ

「を」は直前の文字にパッチムがなければ를、パッチムがあれば을になります。場所を表す「で」は에서で、直前の文字のパッチムは関係ありません

語彙 김치[キムチ]キムチ　비빔밥[ピビムパプ]ビビンバ

音声を聞きながら読んでみましょう。

1 毎日韓国語を勉強します。

매일 한국어를 공부해요.

한구거를

メイル　　ハングゴルル　　　コンブヘヨ

語彙 공부해요[コンブヘヨ]勉強します

2 夏休みに韓国に行きますか？

여름 방학에 한국에 가요?

여름 빵하게　　　　　한구게

ヨルム パンハゲ　　　ハングゲ　　　カヨ

3 家でゲームをします。

집에서 게임을 해요.

지베서　　　께이믈

チベソ　　　ケイムル　　　ヘヨ

語彙 게임[ケイム]ゲーム 해요[ヘヨ]します

4 週末ここで練習します。

주말에 여기에서 연습해요.

주마레　　　　　　　　연스패요

チュマレ　　　ヨギエソ　　　ヨンスペヨ

語彙 연습해요[ヨンスペヨ]練習します

助詞の使い方は日本語とまったく同じですか？

좋아해요(チョアヘヨ)、싫어해요(シロヘヨ)を使って「○○が好き／嫌い」というときと、「○○に乗る」「○○に会う」というときの「が」と「に」はどちらも를/을(を)を使います。間違えやすいので注意！

3週目 18日目 매일 한국어를 공부해요. 毎日韓国語を勉強します。

🔊 064

5 ヒップホップが好きです。

힙합을 좋아해요.
히파불　　　조아해요
ヒパブル　　チョアヘヨ

語彙) 힙합[ヒパプ]ヒップホップ　좋아해요[チョアヘヨ]好きです

6 トロットも聞きます。

트로트도 들어요.
　　　　　　드러요
トゥロトゥド　トゥロヨ

「トロット」は**트롯**と表記することもあります

語彙) 트로트[トゥロトゥ]トロット(韓国歌謡)　들어요[トゥロヨ]聞きます

7 カラオケで歌を歌います。

노래방에서 노래를 불러요.
ノレバンエソ　　　　ノレルル　　プルロヨ

語彙) 불러요[プルロヨ]歌います

練習 空欄に助詞를/을、에서、도のいずれかを入れて文を完成させましょう。

① コンサートに行きます。

　콘서트 (　　　) 가요.

② ソフトドリンクを飲みます。

　음료수 (　　　) 마셔요.

答え　①에 [コンソトゥエ カヨ]　②를 [ウムニョスルル マショヨ]

90

音声を聞きながら読んでみましょう。

🔊 065

あしたコンサートに行きますか？
A : 내일 콘서트에 가요?
　　ネイル　コンソトゥエ　　カヨ

　　いいえ。　映画館で映画を見ます。
B : 아뇨. 영화관에서 영화를 봐요.
　　アニョ　　ヨンファグァネソ　　ヨンファルル　ポァヨ

　　それから新大久保で友達に会います。
　　그리고 신오쿠보에서 친구를 만나요.
　　　　　　시노쿠보에서
　　クリゴ　シノクボエソ　　　　チングルル　マンナヨ

　　夕飯も一緒に食べますか？
A : 저녁도 같이 먹어요?
　　저녁또　가치　머거요
　　チョニョクト　カチ　モゴヨ

　　はい。　サムギョプサルを食べます。
B : 네. 삼겹살을 먹어요.
　　　　삼겹싸를　머거요
　　ネ　サムギョプサルル　モゴヨ

語彙 　영화관[ヨンファグァン]映画館　영화[ヨンファ]映画　그리고[クリゴ]そして
신오쿠보[シノクボ]新大久保　만나요[マンナヨ]会います　삼겹살[サムギョプサル]豚バラ、サムギョプサル

 좋아요と좋아해요、助詞に注意

좋아요には「いいです」「好きです」などの意味があります。一方、よく似ている좋아해요は「好きです」「好みます」の意味なのですが、좋아요のときは**가/이 좋아요**、좋아해요のときは**를/을 좋아해요**というように、それぞれ違う助詞を使います。싫어요(いやです)、싫어해요(嫌いです)も同じです(☞18日目)

学校関連の単語

「高校」「美術部」「消しゴム」など学校関係の単語を集めました。韓国の人は、相手のことを知ろうとしてさまざまな質問をします。学校のことを聞かれることもあります。

🔊 066

- **학교** 学校
  [ハッキョ／학꾜]
- **유치원** 幼稚園
  [ユチウォン]
- **어린이집** 保育園
  [オリニヂァ／어리니집]
- **초등학교** 小学校
  [チョドゥンハッキョ／초등학꾜]
- **중학교** 中学校
  [チュンハッキョ／중학꾜]
- **고등학교** 高校
  [コドゥンハッキョ／고등학꾜]
- **대학교** 大学
  [テハッキョ／대학꾜]
- **대학** 学部
  [テハッ]
- **전문대학** 専門学校・短大
  [チョンムンデハッ]
- **수업** 授業
  [スオプ]
- **학원** 塾、予備校
  [ハグォン／하권]
- **문제** 問題
  [ムンヂェ]

🔊 067

- **시험** 試験、テスト
  [シホム]
- **수능** 韓国版の大学共通テスト
  [スヌン]
- **재수** 浪人（一浪）
  [チェス]
- **숙제** 宿題
  [スクチェ／숙쩨]
- **합숙** 合宿
  [ハプスク／합쑥]
- **수학여행** 修学旅行
  [スハンニョヘン／수항녀행]
- **전공** 専攻
  [チョンゴン]
- **진로** 進路
  [チルロ／질로]
- **합격** 合格
  [ハプキョク／합껵]
- **불합격** 不合格
  [プラプキョク／부랍껵]
- **입학** 入学
  [イパク／이팍]
- **졸업** 卒業
  [チョロプ／조럽]

🔊 068

- **교복** 制服
  [キョボク]
- **교과서** 教科書
  [キョグァソ]
- **노트** ノート
  [ノトゥ]
- **볼펜** ボールペン
  [ポルペン]
- **샤프** シャープペン
  [シャプ]
- **지우개** 消しゴム
  [チウゲ]
- **책상** 机
  [チェクサン／책쌍]
- **의자** いす
  [ウィヂャ]
- **교실** 教室
  [キョシル]
- **교무실** 職員室
  [キョムシル]
- **운동장** 運動場、グラウンド
  [ウンドンヂャン]
- **도서관** 図書館
  [トソグァン]
- **체육관** 体育館
  [チェユックァン／체육꽌]
- **클럽 활동** 部活
  [クルロプ ファルトン／클러 팔똥]
- **동아리** サークル、～部
  [トンアリ]

🔊 069

- **축구부** サッカー部
  [チュックブ／축꾸부]
- **야구부** 野球部
  [ヤグブ]
- **농구부** バスケット部
  [ノングブ]
- **배구부** バレー部
  [ペグブ]
- **육상부** 陸上部
  [ユクサンブ／육쌍부]
- **미술부** 美術部
  [ミスルブ]
- **연극부** 演劇部
  [ヨングクプ／연극뿌]
- **방송부** 放送部
  [パンソンブ]
- **브라스 밴드부** 吹奏楽部
  [プラス ペンドゥブ]
- **밴드 동아리** 軽音楽部
  [ペンドゥ トンアリ／밴드 동아리]
- **만화 동아리** 漫画研究部
  [マヌァ トンアリ／마놔 동아리]
- **서예 동아리** 書道部
  [ソイェ トンアリ]

❶ 韓国では部活が一般的ではありません。
そのため「部」のことを**동아리**(トンアリ：
同好会、サークル)と言ったほうが通じや
すいかもしれません。

3
週目

18
日目
学校関連の単語

19日目 십구일째

그제 부산에 갔어요.
おととい、釜山に行きました。
`〜しました` `〜でした`

ヘヨ体からいろいろな表現を作ることができます。ここでは過去形を覚えましょう。「と」に当たる助詞 **랑/이랑** もあわせて解説します。

〜と

パッチムなし／あり

랑 / 이랑
ラン　　イラン

ヘヨ体の過去形

食べます　　　　**食べました**

먹어요 → 먹었어요
モゴヨ　　　　　モゴッソヨ

예요 / 이에요の過去形

パッチムなし／あり

였어요 / 이었어요
ヨッソヨ　　　　イオッソヨ

過去形は、**요**を取って**ㅆ어요**を付けます。**예요/이에요**の場合は、直前の文字にパッチムがなければ**였어요**、あれば**이었어요**になります。**아니에요**の過去形は**아니었어요**です。「と」は**랑**と**이랑**です。直前の文字にパッチムがなければ**랑**、あれば**이랑**になります。「と」に当たる助詞にはほかに**와/과**(ワ／クァ)、**하고**(ハゴ)もあります

先生とごはんを食べました。
선생님이랑 밥을 먹었어요.
ソンセンニミラン　パブル　モゴッソヨ

友達と料理を作りました
친구랑 요리를 만들었어요.
チングラン　ヨリルル　マンドゥロッソヨ

趣味でした
취미였어요.
チュイミヨッソヨ

金曜日でした。
금요일이었어요.
クミョイリオッソヨ

94

音声を聞きながら読んでみましょう。

🔊 070

1 | おととい、釜山に行きました。

그제 부산에 갔어요.
     부사네 가써요
 クヂェ プサネ カッソヨ

2 | 昨日、友達と海で遊びました。

어제 친구랑 바다에서 놀았어요.
          노라써요
 オヂェ チングラン パダエソ ノラッソヨ

語彙 바다 [パダ] 海 놀아요 [ノラヨ] 遊びます

3 | 今日は家で動画を見ました。

오늘은 집에서 동영상을 봤어요.
 오느른 지베서   봐써요
 オヌルン チベソ トンヨンサンウル ポァッソヨ

語彙 동영상 [トンヨンサン] 動画

4 | 数学と英語は勉強しましたか？

수학이랑 영어는 공부했어요?
 수하기랑   공부해써요
 スハギラン ヨンオヌン コンブヘッソヨ

語彙 수학 [スハク] 数学 영어 [ヨンオ] 英語

---

tips 過去の形で表現

韓国語では、「結婚しています」のように過去から続いていること（結婚しました、今も結婚しています）を、**결혼했어요**（キョロネッソヨ：結婚しました）と過去の形で表現します。他にも「似ています」は **닮았어요**（似ました）になります。

95

🔊 071

5 中学校の時、ダンス部でした。

중학교 때 댄스 동아리였어요.

중학꾜 때　　　　　　　댄쓰 동아리여써요
チュンハクキョ ッテ　　テンス トンアリヨッソヨ

語彙 때[テ]〜の時　댄스[テンス]ダンス

6 先輩たちが良かったです（いい人たちでした）。

선배들이 좋았어요.

선배드리　　　　　조아써요
ソンベドゥリ　　　チョアッソヨ

語彙 들[ドゥル]〜たち

7 うちのママは会社員でした。

우리 엄마는 회사원이었어요.

　　　　　　　　　회사워니어써요
ウリ　　オムマヌン　　フェサウォニオッソヨ

語彙 우리[ウリ]私たち、私たちの　엄마[オムマ]ママ、お母さん　회사원[フェサウォン]会社員

練習 下線部を過去形にしてみましょう。

① **수영을 해요.** 水泳をします。 ➡ (　　　　　　　　).

② **우유를 마셔요.** 牛乳を飲みます。

➡ (　　　　　　　　).

③ **학생이에요.** 学生です。 ➡ (　　　　　　　　).

答え　①**했어요** [ヘッソヨ]　②**마셨어요** [マショッソヨ]　③**이었어요** [イオッソヨ]

🔊 072

昨日、友達とチャジャン麺を食べました。
A: 어제 친구랑 짜장면을 먹었어요.
　　オヂェ　チングラン　チャヂャンミョヌル　モゴッソヨ

そうなんですか？
B: 그래요?
　　クレヨ

今日も食べました。
A: 오늘도 먹었어요.
　　オヌルド　モゴッソヨ

そんなに好きですか？
B: 그렇게 좋아해요?
　　クロケ　　チョアヘヨ

はい。すっかりハマりました！
A: 네. 완전히 빠졌어요!
　　ネ　ワンヂョニ　パヂョッソヨ

語彙　짜장면 [チャヂャンミョン] チャジャン麺　그래요 [クレヨ] そうです　완전히 [ワンヂョニ] 完全に、すっかり　빠져요 [パヂョヨ] ハマります

3週目 19日目　그제 부산에 갔어요. おととい、釜山に行きました。

97

数の数え方

　日本語の数字は「イチ、ニ、サン」（漢語）と「ひ、ふ、み」（和語）の２種類がありますが、韓国語にも漢数詞と固有数詞の２種類の数字があります。それらの数字と一緒に使われる単位についても学びましょう。

漢数詞

🔊 073

1	2	3	4	5	6	7	8	9
일 イル	이 イ	삼 サム	사 サ	오 オ	육 ユク	칠 チル	팔 パル	구 ク
10	**11**	**12**	**13**	**14**	**15**	**16**	**17**	**18**
십 シプ	십일 シビル	십이 シビ	십삼 シプサム	십사 シプサ	십오 シボ	십육 シムニュク	십칠 シプチル	십팔 シプパル
19	**20**	**百**	**千**	**万**	**億**	**0**		
십구 シプク	이십 イシプ	백 ペク	천 チョン	만 マン	억 オク	영, 공 ヨン, コン		

1000は**천**、10000は**일만**ではなく**만**と言います。
電話番号の0は**공**を使います

漢数詞と一緒に使われる助数詞（単位）

🔊 074

년 [ニョン] ～年　　월 [ウォル] ～月　　일 [イル] ～日　　분 [ブン] ～分　　번 [ボン] ～番
호 [ホ] ～号　　층 [チュン] ～階　　원 [ウォン] ～ウォン　　교시 [ギョシ] ～時間目

🔊 075

例 이십칠 27　만 사천이십사 14024　일 번 1番　삼만 원 3万ウォン
삼 학년 3年生　사 교시 4時間目　삼십오 번지 35番地　이천이십오 년 2025年　삼월 구 일 3月9日　이십오 분 25分　십일 층 육 호실 11階6号室　공구 일삼칠팔 사칠삼구 09-1378-4739

固有数詞

🔊 076　　　　　　　　　　　※（ ）は後ろに単位が続くときの形です

一つ	二つ	三つ	四つ	五つ	六つ	七つ	八つ
하나(한) ハナ ハン	둘(두) トゥル トゥ	셋(세) セッ セ	넷(네) ネッ ネ	다섯 タソッ	여섯 ヨソッ	일곱 イルゴプ	여덟 ヨドル
九つ	十	11		12		13	
아홉 アホプ	열 ヨル	열하나(열한) ヨラナ ヨラン		열둘(열두) ヨルトゥル ヨルトゥ		열셋(열세) ヨルセッ ヨルセ	
14		15	16	17	18	19	20
열넷(열네) ヨルレッ ヨルレ		열다섯 ヨルタソッ	열여섯 ヨルリョソッ	열일곱 ヨリルゴプ	열여덟 ヨルリョドル	열아홉 ヨラホプ	스물(스무) スムル スム
30	40	50	60	70	80	90	
서른 ソルン	마흔 マフン	쉰 シュィン	예순 イェスン	일흔 イルン	여든 ヨドゥン	아흔 アフン	

100以上は漢数詞を使います。101なら **백하나**［ペカナ］になります

固有数詞と一緒に使われる助数詞（単位）

🔊 077

개［ゲ］〜個　　사람［サラム］〜人　　명［ミョン］〜人　　살［サル］〜歳　　마리［マリ］〜匹・頭・羽・尾　　번［ボン］〜回　　시［シ］〜時

🔊 078

例 스물하나 21　천삼백마흔넷 1344　한 번 1回　두 사람 2人　세 명 3名　네 마리 4匹　다섯 개 5個　열두 시 12時　열일곱 살 17歳

번は固有数詞に付くと「〜回」を、漢数詞に付くと「〜番」を表します。
また、韓国では年齢に数え年を使うことも多いです

20日目 이십일째

일본에 언제 와요?
日本にいつ来ますか？

いつ、どこ、誰、何、どんな

뭐(ムォ：何)や어디(オディ：どこ)など、相手に物を尋ねるときに使う疑問詞を覚えましょう。現地で尋ねることは意外に多いもの。使いこなせるようにしましょう。ここまで学んだことで、ごく基本的なことは言えるようになります。

いつ	どこ	誰
언제 オンヂェ	**어디** オディ	**누구** ヌグ

何	何の	どんな
뭐 ムォ	**무슨** ムスン	**어떤** オットン

いくつ	いくら
몇 ミョッ	**얼마** オルマ

뭐は무엇(ムオッ)と言うときもあります。무슨は무슨 요일(ムスン ニョイル：何曜日)、무슨 색(ムスン セㇰ：何色)のように使います。몇は몇 시(ミョッ シ：何時)、몇 개(ミョッケ：何個)のように使います

音声を聞きながら読んでみましょう。

1 2 3 4 5

🔊 079

1 日本にいつ来ますか？

일본에 언제 와요?
일보네
イルボネ　　　オンヂェ　ワヨ

2 トイレはどこですか？

화장실이 어디예요?
화장시리　　　　어디에요
ファヂャンシリ　　オディエヨ

「〜は何ですか？」「〇〇はどこですか？」などの「は」は는/은ではなく가/이で表現します

3 推しは誰ですか？

최애가 누구예요?
　　　　　　누구에요
チェエガ　　　ヌグエヨ

語彙 **최애**[チェエ]推し

최애は「最愛」という意味で、大好きな芸能人やキャラクターなどのことを言います

4 これ何ですか？

이거 뭐예요?
　　　　뭐에요
イゴ　　ムォエヨ

語彙 **이거**[イゴ]これ

 의(の)の使い方

「韓国の友達」= **한국 친구**（ハングッ チング）のように、「の」に当たる**의**（エ）は多くの場合省略して構いません。ただ、「（東京大学ではなくて）東京の大学」= **도쿄의 대학교**（トキョエ テハッキョ）のように、東京を強調するときや、「弟の韓国人の友だち」=**남동생의 한국인 친구**（ナムドンセンエ ハングギン チング）のように「〇〇の名詞＋名詞」のときなど、**의**を省けないこともあります。

🔊 080

5 どうしたんですか？

무슨 일이에요?

무슨 니리에요
ムスン ニリエヨ

語彙 일 [イル] こと、用

무슨 일の発音は[무슨 닐]になります（☞ P.164）

6 この化粧品、いくらですか？

이 화장품 얼마예요?

얼마에요
イ　　ファヂャンプム　　オルマエヨ

語彙 화장품 [ファヂャンプム] 化粧品、コスメ

7 今、何時ですか？

지금 몇 시예요?

몇 씨에요
チグム　　ミョッ シエヨ

練習 （　）に 누구、어디、무슨、뭐 のうちふさわしい疑問詞を入れてみましょう。

① 友達の名前は何ですか？ ➡ 친구 이름이 （　　　）예요?

② どこ行きますか？ ➡ （　　　　）가요?

③ 何曜日ですか？ ➡ （　　　　）요일이에요?

答え ① 뭐 [チング イルミ ムォエヨ] ② 어디 [オディ カヨ] ③ 무슨 [ムスン ニョイリエヨ] （☞ P.164）

Skit

音声を聞きながら読んでみましょう。

🔊 081

チフンさんの趣味は何ですか？
A: 지훈 씨 취미가 뭐예요?
　　지훈 씨　　취미가　　뭐예요
　　チフン シ　　チュィミガ　　ムォエヨ

楽器の演奏です。
B: 악기 연주예요.
　　악끼
　　アクキ　　ヨンヂュエヨ

どんな楽器を演奏するんですか？
A: 어떤 악기를 해요?
　　어떤 악끼를
　　オットン アクキルル　　ヘヨ

ギターです。
B: 기타요.
　　キタヨ

単語＋요で「～です／ですか？」を表すこともできます

本当ですか？ すごいですね！
A: 정말요? 대단해요!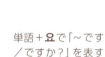
　　정말료　　대다내요
　　チョンマルリョ　　テダネヨ

정말요の発音は[정말료]になります(☞ P.164)

語彙　악기 [アクキ] 楽器　　연주 [ヨンヂュ] 演奏　　기타 [キタ] ギター　　정말 [チョンマル] 本当

103

助詞のまとめ

　ここまでに韓国語の助詞をいくつか学んできました。韓国語の助詞は日本語の助詞とよく似ています。微妙に異なるところもありますが、復習を兼ねて整理しましょう。

助詞の位置と形

　助詞は日本語と同じく単語の後ろに付きます。

～에게 ～に
エゲ

형에게 兄に
ヒョンエゲ

언니에게 姉に
オンニエゲ

　助詞の中には形が変わるものがあります。前の単語の最後（助詞の直前の文字）にパッチムがあるかないかによって変わるのです。

直前の文字にパッチムあり　　　直前の文字にパッチムなし

～는/～은 ～は
ヌン　　ウン

형은 兄は
ヒョンウン

언니는 姉は
オンニヌン

日本語の助詞と違う使い方

　日本語とは異なる使い方をする助詞もあります。日本語の感覚では「に」なのに、**～에**（エ）ではなく**～를/을**（ルル／ウル：～を）になるものがあります。

友達に会います。　➡　〇 **친구를 만나요.**　✕ **친구에 만나요.**
　　　　　　　　　　　　チングルル　マンナヨ　　　　　チングエ　　マンナヨ

助詞の省略

　日本語で「に」が省略できる場合、韓国語でも省略できます。

学校、行くの?　➡　**학교 가?**
　　　　　　　　　　ハクキョ ガ

104

また、分かち書きの最後の의は、ほぼ「〜の」に当たります(発音は「エ」)。この의は日本語と比べて省略されることが多いです(☞ P.39)。

コンビニの前 ➡ **편의점의** 앞 ⇨ **편의점** 앞
　　　　　　　 ピョニヂョメ アプ　　　 ピョニヂョム アプ

助詞の縮約

　パッチムのない単語に付く助詞を省略してパッチムだけを残すことがあります(縮約)。特に会話やSNSではこの形が多用されます。

저는 ⇨ **전** 私は　　　　**한국어를** ⇨ **한국얼** 韓国語を
チョヌン　　チョン　　　　　　ハングゴルル　　　ハングゴル

基本の助詞一覧

助詞	直前の文字のパッチム	
	なし	あり
〜は	**는** ヌン	**은** ヌン
〜が	**가** ガ	**이** イ
〜を／〜に	**를** ヌン	**을** ウル
〜に(人・動物)	**에게** エゲ / **한테** ハンテ	
〜に(場所・時間)	**에** エ	
〜に(場所)／〜で(手段)	**로** ロ	**으로** ウロ
〜の	**의** エ	
〜と	**랑** ラン	**이랑** イラン
〜で／〜から(場所)	**에서** エソ	
〜から(時間)	**부터** プト	
〜まで(時間・程度)	**까지** カヂ	
〜も	**도** ト／ド	
〜だけ	**뿐** プン	
〜だけ	**만** マン	

3週目

20日目

助詞のまとめ

105

21日目 이십일일째

나는 중학교 삼 학년이야.
私は中学3年生だよ。

`〜するよ`　`〜だよ`

ため口の表現を覚えましょう。ヘヨ体から**요**を取った形で、この形をパンマル(**반말**)といいます。明らかに同級生や後輩である場合は初対面でも使えます。韓国人は言葉遣いに厳しいので、日本語の感覚で年上の人には使わないようにしましょう。

ヘヨ体のパンマル

行きます
가요
カヨ

→ **行くよ**
가
カ

学校に行くよ。
학교에 가.
ハッキョヘ　カ

食べました
먹었어요
モゴッソヨ

→ **食べたよ**
먹었어
モゴッソ

昨日食べたんだ。
어제 먹었어.
オヂェ　モゴッソ

예요 / 이에요のパンマル

パッチムなし／あり
야 / 이야
ヤ　　イヤ

先輩だよ。
선배야.
ソンベヤ

金曜日だよ。
금요일이야.
クミョイリヤ

요を取るとパンマルの表現になります。過去形のパンマルも同じです。**예요/이에요**の場合は、直前の文字にパッチムがなければ**야**、あれば**이야**になります。**아니에요**(アニエヨ)のパンマルは**아니야**(アニヤ)です

Ex.

音声を聞きながら読んでみましょう。

| 1 | 2 | 3 | 4 | 5 |

🔊 082

1 | 私は中学3年生だよ。

나는 중학교 삼 학년이야.

　　　　　중학꾜　　　　　사 망녀니야
ナヌン　　チュンハクキョ　　サ マンニョニヤ

> 나は저(チョ)よりもくだけた言い方で、「私の」は내(ネ)になります

2 | 今、時間ある？

지금 시간 있어?

チグム　　シガン　　イッソ

語彙 **시간**[シガン]時間

> 학년の発音は[항년]になります(☞p.164)

3 | K-POPに興味があるの。

케이팝에 관심이 있어.

케이파베　　　관시미　　　이써
ケイパベ　　　クァンシミ　　イッソ

4 | 夜は塾に通ってるんだ。

저녁에는 학원에 다녀.

저녀게는　　　하궈네
チョニョゲヌン　　ハグォネ　　タニョ

語彙 **다녀요**[タニョヨ]通います

---

tips　会話では短くした形をよく使う

会話などでは、**나는**(ナヌン:私は)→**난**(ナン)、**나를**(ナルル:私を)→**날**(ナル)、**이거는**(イゴヌン:これは)→**이건**(イゴン)などのように短くした形も使います。他にも**여자 친구**(ヨヂャ チング:彼女)→**여친**(ヨチン)のようなものもあります。

107

🔊 083

5 バラエティー番組が好きなんだ。

예능 프로를 좋아해.

イェヌン プロルル　　　チョアヘ

語彙) 예능 프로[イェヌン プロ]バラエティー番組

プロは プロ그램
(プログレㅁ)とも
言います。どちら
も「番組」のこと
を指します

6 中学のとき、バスケの選手だった。

중학교 때 농구 선수였어.

중학꾜 때　　　　　농구 선수여써
チュンハクキョ ッテ　　ノング ソンスヨッソ

語彙) 농구[ノング]バスケットボール　선수[ソンス]選手

7 この動画、めっちゃ面白かった。

이 동영상 너무 재미있었어.

　　　　　　　　　　　　재미이써써
イ　　トンヨンサン　　ノム　　チェミイッソッソ

| 練 習 | 次のそれぞれの語句をパンマルにしてください。

① **놀아요**(遊びます) ➡ (　　　　　　　　)

② **길어요**(長いです) ➡ (　　　　　　　　)

③ **꽃이에요**(花です) ➡ (　　　　　　　　)

答え　①놀아[ノラ]　②길어[キロ]　③꽃이야[コチャ]

108

Skit

音声を聞きながら読んでみましょう。

🔊 084

A: 私ははな高校2年の田中そらといいます。
전 하나 고등학교 이 학년
チョン ハナ コドゥンハクキョ(고등학교) イハンニョン(이 학년)

다나카 소라라고 해요.
タナカ ソララゴ ヘヨ

B: 私はチェ・スア。
난 최수아야.
ナン チェスアヤ

私たち同い年だよ。 ため口でいいよ。
우리 동갑이야. 말 놓아.
ウリ トンガビヤ(동가비야) マル ロア(말 로아)

A: うん、わかった…… 私たち、友達になろう……なりましょうね。
그래. 알았어… 우리 친구 해…요.
クレ アラッソ(아라써) ウリ チング ヘヨ

語彙 라고 해요[ラゴ ヘヨ] 〜といいます　동갑[トンガブ] 同い年　말 놓아요[マル ロアヨ] ため口で話します　알아요[アラヨ] わかります　친구 해요[チング ヘヨ] 友達になります

3週目 21日目 나는 중학교 삼학년이야. 나는 중학 3 年生だよ。

109

3週目のおさらい

※正解はP.112

1. 次の日本語文と同じ意味になるように下の選択肢の中から適切な助詞を選び、（ ）に入れて韓国語文を完成させましょう。

① 저（　　　） 유타예요. 私は裕太です。

② 일본（　　　） 왔어요. 日本から来ました。

③ 케이팝（　　　） 좋아요. K-POPが好きです。

④ 한국 드라마（　　　） 좋아해요. 韓国ドラマも好きです。

⑤ 친구（　　　） 같이 콘서트에 갔어요.
友達と一緒にコンサートに行きました。

⑥ 아이스크림（　　　） 먹었어요. アイスクリームを食べました。

> 는、은、가、이、에、에서、를、을、도、랑、이랑

2. 次の韓国語文と同じ意味の日本語文をA～Eから選びましょう。

① 취미가 뭐예요? （　　）

② 가게가 어디예요? （　　）

③ 무슨 요일에 라이브가 있어요? （　　）

④ 한국에 언제 가요? （　　）

⑤ 몇 시에 일어났어요? （　　）

⑥ 누구랑 같이 식사해요? （　　）

A	何時に起きましたか？	B	韓国にいつ行きますか？
C	店はどこですか？	D	趣味は何ですか？
E	誰と一緒に食事しますか？	F	何曜日にライブがありますか？

3. 日本語の文と同じ意味になるように、(　　　)の中から適切な単語を
選んで韓国語の文を完成させましょう。

① **수요일에 한국어 수업이 (있어요、있었어요、없어요).**
水曜日に韓国語の授業があります。

② **어제는 시험이 (없어요、없었어요、없었어).**
昨日は試験がありませんでした。

③ **제 취미는 테니스(예요、야、이에요).**
私の趣味はテニスです。

④ **수진이랑 같이 영화를 (갔어요、놀았어요、봤어요).**
スジンと一緒に星を見ました。

⑤ **대학생이 (없어요、아니야、아니었어요).**
大学生ではありません。

⑥ **이 드라마 너무 (재미있어、재미있었어、재미없어).**
このドラマ、とても面白かったんだ。

3週目

3週目のおさらい

4．音声を聞いて、それぞれの質問の答えとしてふさわしい日本語の文をA〜Eから選びましょう。

🔊 085

① (　　　)　　　　　② (　　　)　　　　　③ (　　　)

④ (　　　)　　　　　⑤ (　　　)

A　ビビンバが好きです。　　　D　１７歳です。

B　横浜です。　　　　　　　　E　野球選手のチャンホです。

C　ジフンです。

5．音声を聞いて、その意味として適切なものを選びましょう。

🔊 086

① (　　　)　　　　　② (　　　)　　　　　③ (　　　)

④ (　　　)　　　　　⑤ (　　　)

A　お姉さんは韓国映画に関心があります。

B　トッポギがとてもおいしかったです。

C　そして韓国の歌もたくさん聞きます。

D　お姉さんと一緒に韓国に行きました。

E　お姉さんはダンサーでした。

正解

1. ①는 ②에서 ③이 ④도 ⑤랑 ⑥을
2. ①D ②C ③F ④B ⑤A ⑥E
3. ①있어요 ②없었어요③예요 ④봤어요 ⑤아니에요 ⑥재미있었어
4. ①C 🔊이름이 뭐예요? ②B 🔊집이 어디예요? ③D 🔊몇 살이에요?
　　④E 🔊좋아하는 스포츠 선수가 누구예요? ⑤A 🔊무슨 음식을 좋아해요?
5. ①E 🔊언니는 댄서였어요. ②A 🔊언니는 한국 영화에 관심이 있어요.
　　③C 🔊그리고 한국 노래도 많이 들어요. ④D 🔊언니랑 같이 한국에 갔어요.
　　⑤B 🔊떡볶이가 너무 맛있었어요.

22 日目	114
23 日目	118
24 日目	122
25 日目	126
26 日目	130
27 日目	134
28 日目	138
	142

第3章で学んだことを基にして、より自分の気持ちなどを表せるようにしましょう。否定、「〇〇してください」「〇〇してみます」「〇〇してみたいです」「〇〇してもいいです」「〇〇しなければいけません」などの表現を学びます。命令や勧誘のニュアンスについても学びます。ここまで学べば、いよいよ、次のステップに進むことができます。

22日目 이십이일째

여기 앉아요.
ここ、座ってください。
ヘヨ体の命令・勧誘

　ヘヨ体は、そのままの形で相手に命令したり、相手を誘う表現をすることができます。違いは言葉の最後の高低リズムです。音声を聞きながら、これまでに学習した平叙文、疑問文とあわせてそれぞれの特徴を確認しましょう。

🔊 087

平叙文
学校に行きます。
학교에 가요.
ハクキョエ　カヨ
[語尾を下げる]

疑問文
学校に行きますか？
학교에 가요?
ハクキョエ　カヨ
[語尾を上げる]

命令
学校に行ってください。
학교에 가요.
ハクキョエ　カヨ
[語尾をさっと下げる]

勧誘
学校に行きましょう。
학교에 가요.
ハクキョエ　カヨ
[語尾を揺らす]

音声を聞きながら読んでみましょう。

🔊 088

1 ここ、座ってください。

여기 앉아요.
안자요
ヨギ　　　アンヂャヨ

2 私と一緒に行きましょう。

나랑 같이 가요.
가치
ナラン　カチ　　カヨ

3 あした7時に会いましょう。

내일 일곱 시에 만나요.
일곱 씨에
ネイル　イルゴプ シエ　　マンナヨ

4 みんな！　　早く準備して。

얘들아! 빨리 준비해.
얘드라
イェドゥラ　　　パルリ　　チュンビヘ

준비해라（チュンビヘラ）のように라が付くときもあります

語彙　얘들아[イェドゥラ]みんな（仲間に呼びかける表現）
　　　빨리[パルリ]早く　준비해요[チュンビヘヨ]準備します

5 一生懸命勉強しなさい。

열심히 공부해.
열씨미
ヨルシミ　　コンブヘ

語彙　열심히[ヨルシミ]熱心に、一生懸命に

下線部を韓国語で書いてください。

① あした行きましょう。
　➡ 내일 _____ .

② これ食べて。
　➡ 이거 _____ .

③ 早く飲みましょう。
　➡ 빨리 _____ .

④ 一生懸命運動をしましょう。
　➡ 열심히 운동을 _____ .

⑤ 早く寝て。
　➡ 일찍 _____ .

 丁寧な命令表現

가요(カヨ)は**가세요**(カセヨ)、**줘요**(チュォヨ)は**주세요**(チュセヨ)、**들어요**(トゥロヨ)は**들으세요**(トゥルセヨ)のような形で尊敬語が作れます。この尊敬語はヘヨ体と同じように口調によって命令形にすることができますが、尊敬が含まれているため命令の度合いが丁寧になります。

答え　①가요[カヨ]　②먹어[モゴ]　③마셔요[マショヨ]　④해요[ヘヨ]　⑤자[チャ]

Skit

音声を聞きながら読んでみましょう。

🔊 089

先輩、おなかすきました。
A: **선배, 배고파요.**
　　ソンベ　　ペゴパヨ

じゃあ、このキンパ食べなよ。
B: **그럼 이 김밥 먹어.**
　　クロム　イ　キムパプ　モゴ

おいしいです。　　もっとないですか？
A: **맛있어요. 더 없어요?**
　　マシッソヨ　　　ト　オプソヨ

もう時間だよ。　　早く立って。
B: **시간 다 됐어. 빨리 일어나.**
　　シガン　タ　トェッソ　パルリ　イロナ

일어나요には「起きます」と「（席などを）立ち上がります」の意味がありますが、ここでは「席を立って行きなさい」という表現になります

語彙 배고파요[ペゴパヨ]おなかがすいています　그럼[クロム]それじゃあ　김밥[キムパプ]キンパ　더[ト]もっと　다[タ]すっかり　돼요[トェヨ]なります　일어나요[イロナヨ]立ち上がります

4週目 22日目 여기 앉아요. 여기, 좌ってください。

117

23日目 이십삼일째

아직 안 떠나요.
まだ出発しません。
ヘヨ体の否定

「~ではありません」は**가/이 아니에요**でした。ここでは「~しません」「~くないです」などの表現を覚えましょう。最も簡単な方法を説明します。

ヘヨ体の否定

行きます。　　　　　　行きません。
가요.　→　**안 가요.**
カヨ　　　　　　　　　アン ガヨ

辛いです。　　　　　　辛くないです。
매워요.　→　**안 매워요.**
メウォヨ　　　　　　　アン メウォヨ

運動します。　　　　　運動しません。
운동해요.　→　**운동 안 해요.**
ウンドンヘヨ　　　　　ウンドン アネヨ

~**요**の前に**안**を入れると「~しません」「~くないです」の表現になります。~**해요**の場合は**해요**の前に**안**を入れて~**안 해요**です

안の前後はスペースを空けますが、区切らず一気に発音します。**안 가요**は「アン カヨ」ではなく「アン ガヨ」、**안 해요**は「アン ヘヨ」ではなく「アネヨ」です

語彙 운동해요 [ウンドンヘヨ] 運動します

音声を聞きながら読んでみましょう。

1 | 2 | 3 | 4 | 5

🔊 090

1 まだ出発しません。

아직 안 떠나요.

アヂク　　アン トナヨ

語彙 아직 [アヂク] まだ

2 今日は練習しません。

오늘은 연습 안 해요.
오느른　　　연스 바 내요
オヌルン　　ヨンス バ ネヨ

3 これ辛くないですか？

이거 안 매워요?

イゴ　　　アン メウォヨ

過去形やパンマルの否定も作り方は同じですね！

4 昨日は勉強しませんでした。

어제는 공부 안 했어요.
　　　　　　　　　아 내써요
オヂェヌン　コンブ　ア ネッソヨ

5 おい、あいさつなしか？

야, 인사 안 해?
　　　　　　　아 내
ヤ　インサ　ア ネ

語彙 야 [ヤ] おい　인사 [インサ] あいさつ　인사해요 [インサヘヨ] あいさつします

4週目
23日目
아직 안 떠나요. まだ出発しません。

「〜しません」「〜くないです」の意味の韓国語に変えましょう。

甘いです。
① 달아요. [タラヨ]

甘くないです。
➡ _____ .

塩辛いです。
② 짜요. [チャヨ]

塩辛くないです。
➡ _____ .

食べます。
③ 먹어요. [モゴヨ]

食べません。
➡ _____ .

遊びました。
④ 놀았어요. [ノラッソヨ]

遊びませんでした。
➡ _____ .

説明します。
⑤ 설명해요. [ソルミョンヘヨ]

説明しません。
➡ _____ .

勉強する？
⑥ 공부해? [コンブヘ]

勉強しないの？
➡ _____ ?

 안を使わないもの

反対語が否定の意味を持つ場合には、안を使えません。

있어요（イッソヨ：あります）
　　　→ 없어요（オプソヨ：ありません）　안 있어요（×）

알아요（アラヨ：わかります）
　　　→ 몰라요（モルラヨ：わかりません）　안 알아요（×）

맛있어요（マシッソヨ：おいしいです）
　　　→ 맛없어요（マドプソヨ：まずいです）　안 맛있어요（×）

答え　①안 달아요[アン ダラヨ]　②안 짜요[アン チャヨ]　③안 먹어요[アン モゴヨ]
　　　④안 놀았어요[アン ノラッソヨ]　⑤설명 안 해요[ソルミョン ア ネヨ]　⑥공부 안 해[コンブ ア ネ]

音声を聞きながら読んでみましょう。

🔊 091

先週も新大久保に行きましたか？
A: 지난주도 신오쿠보에 갔어요?
　　チナンヂュド　　シノクボエ　　カッソヨ

いいえ、行きませんでした。
B: 아뇨, 안 갔어요.
　　アニョ　アン ガッソヨ

どうして行かなかったんですか？
A: 왜 안 갔어요?
　　ウェ　アン ガッソヨ

時間がなかったんです。
B: 시간이 없었어요.
　　シガニ　オプソッソヨ

4週目 23日目 아직 안 떠나요. まだ出発しません。

日本語の「～する」みたいに、いろんな名詞に **해요** を付けて単語を増やせるんですね！

よく気が付きましたね。名詞＋**해요**とするのです。
ちなみに、否定は名詞＋**안 해요**です。

それなら「宿題しません」は**숙제 안 해요**ですね。
簡単！

でも**좋아해요**(好きです)は**안 좋아해요**になるので気を付けてください

121

24日目
이십사일째

여기 계산해 주세요.
ここ、お会計してください。
依頼

「〜してください」の表現を覚えましょう。何かを依頼したりお願いしたりする表現です。ここからは、**요**を取って別の表現を付ける形を覚えていきます。

依頼

行きます。　　　　　行ってください。
가요. ➡ **가 주세요.**
カヨ　　　　　　　　カ デュセヨ

요を取って**주세요**を付けると「〜してください」の表現になります。**주세요**の前にはスペースを入れますが、区切らず一気に発音します

来ます。　　　　　来てください。
와요. ➡ **와 주세요.**
ワヨ　　　　　　　　ワ デュセヨ

開けます。　　　　開けてください。
열어요. ➡ **열어 주세요.**
ヨロヨ　　　　　　　ヨロ デュセヨ

요を取って**줘요**を付けても「〜してください」の表現になりますが、**주세요**のほうがさらに丁寧です。パンマルは**줘요**から**요**を取って**줘**です

語彙 열어요 [ヨロヨ／여러요] 開けます

音声を聞きながら読んでみましょう。

1 | ここ、お会計してください。
여기 계산해 주세요.
ヨギ　ケサネ デュセヨ
(게사내 주세요)
語彙　계산해요[ケサネヨ]計算します、お会計します

계산해 주세요で、支払いの際の「お会計お願いします」の意味です

2 | おじさん、安くしてください。
아저씨, 싸게 해 주세요.
アヂョッシ　サゲ ヘ デュセヨ
語彙　싸게 해요[サゲ ヘヨ]安くします

3 | 日本の印象を話してください。
일본의 인상을 말해 주세요.
イルボネ　インサンウル　マレ デュセヨ
(마래 주세요)
語彙　인상[インサン]印象、イメージ　말해요[マレヨ]話します

4 | 新しい歌(新曲)を聞いてください。
새 노래를 들어 주세요.
セ ノレルル　トゥロ デュセヨ
語彙　새[セ]新しい

5 | 韓国語教えてくださいよ。
한국말 가르쳐 줘요.
(한궁말)(가르쳐 줘요)
ハングンマル　カルチョ デュオヨ
語彙　가르쳐요[カルチョヨ]教えます

「〜してください」の意味の韓国語に変えましょう。

① 準備します。
준비해요. [チュンビヘヨ]

準備してください。
➡ _____.

② 歌います。
노래해요. [ノレヘヨ]

歌ってください。
➡ _____.

③ 教えます。
가르쳐요. [カルチョヨ]

教えてください。
➡ _____.

④ 約束します。
약속해요. [ヤクソケヨ]

約束してください。
➡ _____.

⑤ 読みます。
읽어요. [イルゴヨ]

読んでください。
➡ _____.

⑥ 閉めます。
닫아요. [タダヨ]

閉めてください。
➡ _____.

---

tips　세요の表現

22日目のプラスαで触れた**주세요**の**세요**は、尊敬の意味を含む表現です。何かを依頼するとき、**줘요**(☞ P.123 Ex.5)は丁寧語ですが、少し高飛車に聞こえます。

答え　①준비해 주세요 [チュンビヘ デュセヨ]　②노래해 주세요 [ノレヘ デュセヨ]
　　　③가르쳐 주세요 [カルチョ デュセヨ]　④약속해 주세요 [ヤクソケ デュセヨ]
　　　⑤읽어 주세요 [イルゴ デュセヨ]　⑥닫아 주세요 [タダ デュセヨ]

Skit

音声を聞きながら読んでみましょう。

🔊 093

A: **짬뽕이 매워요? 안 매워요?**
　　チャンポンは辛いですか？　辛くないですか？
　　チャムポンイ　メウォヨ　　アン メウォヨ

B: **아주 매워요.**
　　すごく辛いですよ。
　　アヂュ　メウォヨ

A: **그러면 안 맵게 해 주세요.**
　　それじゃあ、辛くないようにしてください。
　　　　　　　안 맵게 해 주세요
　　クロミョン　アン メプケ ヘ デュセヨ

B: **네, 알았어요.**
　　はい、わかりました。
　　　　아라써요
　　ネ　　アラッソヨ

「〜は…ですか？」と尋ねるときの「〜は」には**가/이**を使います

語彙　**짬뽕**[チャムポン]チャンポン　**아주**[アヂュ]とても　**그러면**[クロミョン]それでは　**안 맵게**[アン メプケ]辛くないように

4週目 24日目　여기 계산해 주세요. ここ、お会計してください。

125

25日目

이십오일째

이거 한번 먹어 봐요.
これ、一度食べてみてください。

体験・試み

「〜してみてください」の表現を覚えましょう。現在形は相手に対して「〜してみてください」と提案したり勧めたりする表現です。過去形は「〜したことがあります」の意味になります。

体験・試み

行ってください。　　行ってみてください。
가요. ➡ **가 봐요.**
カヨ　　　　　　　カ ボァヨ

食べてください。　　食べてみてください。
먹어요. ➡ **먹어 봐요.**
モゴヨ　　　　　　モゴ ボァヨ

読んでください。　　読んでみてください。
읽어요. ➡ **읽어 봐요.**
イルゴヨ　　　　　イルゴ ボァヨ

요を取って**봐요**を付けると「〜してみてください」の表現になります。**봐요**の前にはスペースを空けますが、区切らず一気に発音します

「〜してみてください」というときの**봐요**は「ポァヨ」ではなく常に「ボァヨ」と発音します

音声を聞きながら読んでみましょう。

1 これ、一度食べてみてください。

이거 한번 먹어 봐요.

　　　　　　　　머거 봐요
イゴ　　　ハンボン　モゴ ボァヨ

語彙 **한번**[ハンボン]一度

2 それでは新大久保に行ってみてください。

그럼 신오쿠보에 가 봐요.

　　　　시노쿠보에
クロム　　シノオクボエ　　　　カ ボァヨ

語彙 **신오쿠보**[シノクボ]新大久保

3 釜山には昨年行ったことがあります。

부산에는 작년에 가 봤어요.

부사네는　　　　　　장녀네　　　　가 봐써요
プサネヌン　　　　　チャンニョネ　カ ボァッソヨ

作年の発音は[장년]になります(☞P.164)

4 韓服を着たことがありますか？

한복을 입어 봤어요?

한보글　　　　　이버 봐써요
ハンボグル　　　イボ ボァッソヨ

語彙 **한복**[ハンボク]韓服(ハンボク)　**입어요**[イボヨ]着ます

아르바이트は略して**알바**(アルバ)とも言いますよ

5 アルバイトはしたことがない。

아르바이트는 안 해 봐어.

　　　　　　　　　　아 내 봐써
アルバイトゥヌン　　　ア ネ ボァッソ

語彙 **아르바이트**[アルバイトゥ]アルバイト

否定は**안 ~ 봤어요**または**~ 안 해 봤어요**です

「~してみてください」「~したことがあります」の意味の韓国語に変えましょう。

飲みます。
① 마셔요. [マショヨ]

飲んでみてください
➡ _____.

話します。
② 말해요. [マレヨ]

話してみてください。
➡ _____.

勉強します。
③ 공부해요. [コンブヘヨ]

勉強してみてください。
➡ _____.

来ました。
④ 왔어요. [ワッソヨ]

来たことがあります。
➡ _____.

留学しました。
⑤ 유학했어요. [ユハケッソヨ]

留学したことがあります。
➡ _____.

食べませんでした。
⑥ 안 먹었어요. [アン モゴッソヨ]

食べたことがありません。
➡ _____.

---

tips SNSのアカウント交換

韓国では個人的な連絡に**카카오톡**(カカオトク:カカオトーク)や**인스타그램**(インスタグレム:インスタグラム)がよく使われます。それぞれ**카톡**(カトク)、**인스타**(インスタ)と略されます。IDを交換したいときは、**인스타/카톡 교환해요.**(インスタ/カトク キョファネヨ:インスタ/カトク 交換しましょう。)と言います。

答え　①마셔 봐요[マショ ボァヨ]　　②말해 봐요[マレ ボァヨ]
　　　③공부해 봐요[コンブヘ ボァヨ]　④와 봤어요[ワ ボァッソヨ]
　　　⑤유학해 봤어요[ユハケ ボァッソヨ]　⑥안 먹어 봤어요[アン モゴ ボァッソヨ]

音声を聞きながら読んでみましょう。

📢 095

チフンオッパ、ソウルのおいしいお店はどうやって探すんですか？
A: 지훈 오빠, 서울의 맛집은 어떻게 찾아요?
　　チフン　オッパ　　서우레　　맏찌븐　　어떠케　　차자요
　　　　　　　　　　　ソウレ　　マッチブン　オットケ　　チャヂャヨ

君のスマホ、ちょっと貸してみて。
B: 네 스마트폰 좀 줘 봐.
　　니
　　ニ　　スマトゥポン　　チョム　チュオ　ボァ

　　　　　　　　　　　　　　　　　　네と書くけど
　　　　　　　　　　　　　　　　　　「니」と発音する
　　　　　　　　　　　　　　　　　　ことが多いです

どうぞ。
A: 여기요.
　　ヨギヨ

　　　　　　　　　　　　　　　　　　여기요は「ここです」の
　　　　　　　　　　　　　　　　　　意味だけど、物を渡す
　　　　　　　　　　　　　　　　　　ときにも使います

このサイト、見てみた？
B: 이 사이트 봐 봤어?
　　　　싸이트　　봐 봐써
　　イ　サイトゥ　ポァ ボァッソ

語彙　서울[ソウル]ソウル　맛집[マッチブ]おいしい飲食店　찾아요[チャヂャヨ]探します　네[ネ／ニ]君の、おまえの　스마트폰[スマトゥポン]スマホ　좀[チョム]ちょっと、少し　줘요[チュォヨ]くれます　사이트[サイトゥ]サイト、ウェブサイト

4週目
25日目
이거 한번 먹어 봐요. 이거, 一度食べてみてください。

26日目

이십육일째

영화관에 가 보고 싶어요.
映画館に行ってみたいです。

希望

「〜してみたいです」の表現を覚えましょう。経験や試みを希望することを表します。

希望

行きます。
가요.
カヨ

→ 行ってみたいです。
가 보고 싶어요.
カ ボゴ シポヨ

食べます。
먹어요.
モゴヨ

→ 食べてみたいです。
먹어 보고 싶어요.
モゴ ボゴ シポヨ

探します。
찾아요.
チャヂャヨ

→ 探してみたいです。
찾아 보고 싶어요.
チャヂャ ボゴ シポヨ

요を取って**보고 싶어요**を付けると「〜してみたいです」の表現になります。**보고 싶어요**の前にはスペースを入れますが、区切らず一気に発音します

音声を聞きながら読んでみましょう。

🔊 096

1 映画館に行ってみたいです。

영화관에 가 보고 싶어요.
영화과네 　　　　가 보고 시퍼요
ヨンファグァネ　　カ ボゴ シポヨ

2 韓国コスメを使ってみたいです。

한국 화장품을 써 보고 싶어요.
　　　　화장푸믈　　　　써 보고 시퍼요
ハングク　ファヂャンプムル　ソ ボゴ シポヨ

語彙 **써요** [ソヨ] 使います

3 韓国の友達と付き合ってみたいですか？

한국 친구를 사귀어 보고 싶어요?
　　　　　　　　　사귀어 보고 시퍼요
ハングク　チングルル　サグィオ ボゴ シポヨ

語彙 **사귀어요** [サグィオヨ] 付き合います

4 韓国語で注文してみたかったです。

한국말로 시켜 보고 싶었어요.
한궁말로　　　　시켜 보고 시퍼써요
ハングンマルロ　シキョ ボゴ シポッソヨ

語彙 **시켜요** [シキョヨ] 注文します

5 ホンデで買い物してみたい。

홍대에서 쇼핑해 보고 싶어.
　　　　　　쇼핑해 보고 시퍼
ホンデエソ　ショピンヘ ボゴ シポ

過去形は ~ 보고 싶었어요 です

語彙 **홍대** [ホンデ] ホンデ、弘益大学校　**쇼핑해요** [ショピンヘヨ] 買い物します

Try!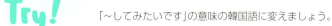

「～してみたいです」の意味の韓国語に変えましょう。

作ります。
① **만들어요.** [マンドゥロヨ]

作ってみたいです。
➡ ＿＿＿＿＿＿＿＿＿＿．

会います。
② **만나요.** [マンナヨ]

会ってみたいです。
➡ ＿＿＿＿＿＿＿＿＿＿．

質問します。
③ **질문해요.** [チルムネヨ]

質問してみたいです。
➡ ＿＿＿＿＿＿＿＿＿＿．

(写真を)撮ります。
④ **찍어요.** [チゴヨ]

(写真を)撮ってみたいです。
➡ ＿＿＿＿＿＿＿＿＿＿．

読みます。
⑤ **읽어요.** [イルゴヨ]

読んでみたいです。
➡ ＿＿＿＿＿＿＿＿＿＿．

学びます。
⑥ **배워요.** [ペウォヨ]

学んでみたいです。
➡ ＿＿＿＿＿＿＿＿＿＿．

---

tips　「～したい」の表現

먹어 보고 싶어요は**먹고 싶어요**(モッコ シポヨ:食べたいです)という表現もできます。ただし、**먹고 싶어요**の形を作るには活用を覚える必要があります。活用についてはP.144で少し触れますが、この本を終えた後に学ぶことになります。

答え　①만들어 보고 싶어요[マンドゥロ ボゴ シポヨ]　②만나 보고 싶어요[マンナ ボゴ シポヨ]
　　　③질문해 보고 싶어요[チルムネ ボゴ シポヨ]　④찍어 보고 싶어요[チゴ ボゴ シポヨ]
　　　⑤읽어 보고 싶어요[イルゴ ボゴ シポヨ]　⑥배워 보고 싶어요[ペウォ ボゴ シポヨ]

Skit

音声を聞きながら読んでみましょう。

🔊 097

ソラ、君は韓国で何してみたい？

A : 소라야, 넌 한국에서 뭐 해 보고 싶어?
　　ソラヤ　　ノン　ハングゲソ　　ムォ　ヘ ボゴ シポ
　　　　　　　　　[한구게서]　　　　　[해 보고 시퍼]

JP事務所に行ってみたいです。

B : JP 사무실에 가 보고 싶어요.
　　チェイピ　サムシレ　　カ ボゴ シポヨ
　　[제이피]　[사무시레]　　[가 보고 시퍼요]

넌は**너는**(ノヌン：君は)の縮約です

そこでシウさんに会ってみたいです。

거기에서 시우 씨를 만나 보고 싶어요.
コギエソ　　シウ シルル　マンナ ボゴ シポヨ
　　　　　　　　　　　　[만나 보고 시퍼요]

韓国語で話してみたいです。

한국말로 이야기해 보고 싶어요.
ハングンマルロ　イヤギヘ ボゴ シポヨ
[한궁말로]　　　[이야기해 보고 시퍼요]

語彙　**사무실**[サムシル]事務所
　　　이야기해요[イヤギヘヨ]話します

パンマルで人に呼びかけるときには、名前の後ろに**야**か**이**を付けて呼びます。名前の最後の文字にパッチムがなければ**야**、あれば**이**が付きます

4週目　26日目　영화관에 가 보고 싶어요. 映画館に行ってみたいです。

27日目 이십칠일째

먼저 먹어도 돼요.
先に食べてもいいです。

許可

「〜してもいいです」の表現を覚えましょう。許可を表す表現で、疑問形にすると「〜してもいいですか?」と相手に確認をするときに使えます。

許可

行きます。
가요.
カヨ

→ 行ってもいいです。
가도 돼요.
カド ドェヨ

食べます。
먹어요.
モゴヨ

→ 食べてもいいです。
먹어도 돼요.
モゴド ドェヨ

質問します。
질문해요.
チルムネヨ

→ 質問してもいいです。
질문해도 돼요.
チルムネド ドェヨ

요を取って도 돼요を付けると「〜してもいいです」の表現になります。도 돼요は区切らず一気に発音します

안 돼요は「だめです」の意味です。パンマルなら안 돼です

音声を聞きながら読んでみましょう。

🔊 098

1 先に食べてもいいです。

먼저 먹어도 돼요.

머거도 돼요
モンヂョ　モゴド ドェヨ

語彙 **먼저**[モンヂョ]まず、先に

2 たくさん注文してもいいです。

많이 시켜도 돼요.

마니
マニ　　シキョド ドェヨ

語彙 **많이**[マニ]たくさん

3 今夜、電話してもいいですか？

오늘 밤 전화해도 돼요?

오늘 빰　　저놔해도 돼요
オヌル パム　チョヌァヘド ドェヨ

語彙 **전화해요**[チョヌァヘヨ]電話します

4 今日は学校に行かなくてもよかったです。

오늘은 학교에 안 가도 됐어요.

오느른　　학꾜에　　안 가도 돼써요
オヌルン　　ハクキョエ　　アン ガド ドェッソヨ

5 ゆっくりやってもいいよ。

천천히 해도 돼.

천처니
チョンチョニ　　ヘド ドェ

語彙 **천천히**[チョンチョニ]ゆっくり

過去形は~도 됐어요、否定は안 ~도 돼요または~ 안 해도 돼요です

「〜してもいいです」の意味の韓国語に変えましょう。

注文します。
① 시켜요. [シキョヨ]

注文してもいいです。
➡ _____.

電話します。
② 전화해요. [チョヌァヘヨ]

電話してもいいです。
➡ _____.

読みます。
③ 읽어요. [イルゴヨ]

読んでもいいです。
➡ _____.

続けます。
④ 계속해요. [ケソケヨ]

続けてもいいです。
➡ _____.

歩きます。
⑤ 걸어요. [コロヨ]

歩いてもいいです。
➡ _____.

着ます。
⑥ 입어요. [イボヨ]

着てもいいです。
➡ _____.

---

tips 돼요のいろいろな意味

돼요は「よいです」の他に「なります」「できあがります」など多くの意味があります。また、問いかけに対して「됐어요」と言うと、「もう十分です、結構です」という意味になります。

A：더 먹어요. (ト モゴヨ：もっと食べて)
B：됐어요. (トェッソヨ：もう十分です)

答え　①시켜도 돼요. [シキョド ドェヨ]　②전화해도 돼요. [チョヌァヘド ドェヨ]
　　　③읽어도 돼요. [イルゴド ドェヨ]　④계속해도 돼요. [ケソケド ドェヨ]
　　　⑤걸어도 돼요. [コロド ドェヨ]　⑥입어도 돼요. [イボド ドェヨ]

音声を聞きながら読んでみましょう。

🔊 099

ヂフンオッパ、たくさん注文してもいいですか？
A: 지훈 오빠, 많이 주문해도 돼요?
　　　ヂフン オッパ　　マニ　　チュムネド ドェヨ

うん。　好きなだけ頼みな。
B: 그래. 마음대로 시켜.
　　クレ　　マウムデロ　　シキョ

店員などに呼びかけるときの「すみません」は**저기요**や**여기요**と言います

すみません！　ケーキとゆず茶ください。
A: 저기요! 케이크랑 유자차요.
　　チョギヨ　　ケイクラン　　ユヂャチャヨ

それだけ？　　　　もっとたくさん頼んでもいいよ。
B: 그거뿐이야? 더 많이 시켜도 돼.
　　クゴップニヤ　　ト　マニ　　シキョド ドェ

語彙 **주문해요**[チュムネヨ]注文します　**마음대로**[マウムデロ]思い通りに、好きなように　**저기요**[チョギヨ]あの、すみません　**케이크**[ケイク]ケーキ　**유자차**[ユヂャチャ]ゆず茶　**그거**[クゴ]それ

28日目 이십팔일째

창문을 닫아야 해요.
窓を閉めなければいけません。
義務・必要性

「〜しなければいけません」の表現を覚えましょう。必ずしなければいけないという義務、すべきだという必要性を表す表現です。

義務・必要性

行きます。
가요.
カヨ

→ 行かなければいけません。
가야 해요.
カヤ ヘヨ

야の前はスペースを空けません

食べます。
먹어요.
モゴヨ

→ 食べなければいけません。
먹어야 해요.
モゴヤ ヘヨ

約束します。
약속해요.
ヤクソケヨ

→ 約束しなければいけません。
약속해야 해요.
ヤクソケヤ ヘヨ

音声を聞きながら読んでみましょう。

1 窓を閉めなければいけません。

창문을 닫아야 해요.
창무늘　　　다다야 해요
チャンムヌル　タダヤ ヘヨ

語彙 창문[チャンムン]窓

2 もう出発しなければいけません。

이제 출발해야 해요.
　　　　　출바래야 해요
イヂェ　チュルバレヤ ヘヨ

語彙 이제[イヂェ]もう　출발해요[チュルバレヨ]出発します

3 これ、いつまでにやらなければいけませんか？

이거 언제까지 해야 해요?
イゴ　オンヂェッカヂ　ヘヤ ヘヨ

4 アルバイトを辞めなければいけませんでした。

알바를 그만둬야 했어요.
　　　　　　그만둬야 해써요
アルバルル　クマンドゥォヤ ヘッソヨ

語彙 알바[アルバ]アルバイト　그만둬요[クマンドゥォヨ]辞めます

5 もっと努力しなきゃ。

더 노력해야 해.
　　　노려캐야 해
ト　ノリョケヤ ヘ

語彙 노력해요[ノリョケヨ]努力します

「～しなければいけません」の意味の韓国語に変えましょう。

手伝います。
① **도와줘요.** [トワヂュオヨ]

手伝わなければいけません。
➡ _____ .

信じます。
② **믿어요.** [ミドヨ]

信じなければいけません。
➡ _____ .

変わります。
③ **달라져요.** [タルラヂョヨ]

変わらなければいけません。
➡ _____ .

歩きます。
④ **걸어요.** [コロヨ]

歩かなければいけません。
➡ _____ .

変えます。
⑤ **바꿔요.** [パックォヨ]

変えなければいけません。
➡ _____ .

宿題します。
⑥ **숙제해요.** [スクチェヘヨ]

宿題しなければいけません。
➡ _____ .

 「～しなければいけません」の表現

「～しなければいけません」の表現には、**가야 돼요**(カヤ ドェヨ)のように요を取って**야 돼요**(ヤ ドェヨ)を付ける形もあります。**야 해요**とほぼ同じ意味です。

答え　①도와줘야 해요[トワヂュオヤ ヘヨ]　②믿어야 해요[ミドヤ ヘヨ]
　　　③달라져야 해요[タルラヂョヤ ヘヨ]　④걸어야 해요[コロヤ ヘヨ]
　　　⑤바꿔야 해요[パクォヤ ヘヨ]　⑥숙제해야 해요[スクチェヘヤ ヘヨ]

Skit

音声を聞きながら読んでみましょう。

🔊 101

今日は早く家に帰らなければいけません。
A: **오늘은 빨리 집에 가야 해요.**
   오느른   지베
   オヌルン   パルリ   チベ   カヤ ヘヨ

どうして？
B: **왜?**
   ウェ

旅行の準備をしなければいけないんです。
A: **여행 준비를 해야 해요.**
   ヨヘン チュンビルル   ヘヤ ヘヨ

もしかして、韓国？
B: **혹시 한국이야?**
   혹씨   한구기야
   ホッシ ハングギヤ

はい。そうです。　ソウルに行きます。
A: **네. 맞아요. 서울에 가요.**
        마자요   서우레
   ネ   マヂャヨ   ソウレ   カヨ

語彙 여행 [ヨヘン] 旅行　준비 [チュンビ] 準備　맞아요 [マヂャヨ] そうです、合っています

4週目　28日目　창문을 닫아야 해요. 窓を閉めなければいけません。

4週目のおさらい

※正解は P.143

1. 次の韓国語の質問に否定文で答えましょう。

① 내일 학교에 가요? _____

② 김치가 매워요? _____

③ 이제 떠나요? _____

④ 공부했어요? _____

⑤ 치킨을 먹었어요? _____

⑥ 부모님은 나고야에 계세요? _____

2. 次の日本語文に合うように韓国語文を完成させましょう。

① 計算してください。

계산해 ( ).

② これを食べてみてください。

이거 ( )( ).

③ 韓服を着たことがありませんでした。

한복을 ( )( )( ).

④ 東大門に行ってみたいです。

동대문에 가 ( )( ).

⑤ たくさん注文してもいいです。

많이 ( )( ).

３．次の日本語文に合う韓国語文をＡ～Ｆから選びましょう。

① 早く勉強しましょう。　　　　　　　　（　　　）

② 友達と塾へ行かなければなりません。　（　　　）

③ ビビンバは塩辛くありません。　　　　（　　　）

④ これ、安くしてください。　　　　　　（　　　）

⑤ 一度冷麺を作ってみたいです。　　　　（　　　）

⑥ ゆず茶を飲んでみたかったんです。　　（　　　）

A 비빔밥은 안 짜요.

B 냉면을 한번 만들어 보고 싶어요.

C 친구랑 학원에 다녀야 해요.

D 이거 싸게 해 주세요.

E 유자차를 마셔 보고 싶었어요.

F 빨리 공부해요.

正解

1. ①(내일 학교에) 안 가요. ②(김치가/는) 안 매워요. ③(아직) 안 떠나요.
　④(공부) 안 했어요. ⑤(치킨을) 안 먹었어요. ⑥(부모님은 나고야에) 안 계세요.
2. ①주세요 ②먹어、봐요 ③안、입어、봤어요 ④보고、싶어요 ⑤시켜도、돼요
3. ①F ②C ③A ④D ⑤B ⑥E

用言と三つの活用

　本書では、動詞や形容詞については**먹어요**のように**요**で終わる活用形、ヘヨ体(**해요**体)で学んできました。ここで基本形から**해요**体の作り方を学んでおきましょう。

　また、あわせて文法用語も覚えるようにしましょう。

📌 用言とは？

　用言とは、日本語の動詞や形容詞、形容動詞のように活用する単語をいいます。韓国語では動詞・形容詞・存在詞・指定詞の四つに分けられます。多くの場合、動詞は日本語の動詞に、形容詞は日本語の形容詞・形容動詞に当たります。

1. 動詞

主に物事の動作や作用、状態を表します。☞ P.88 18日目

알아요 わかります　**공부해요** 勉強します

2. 形容詞

主に物事の性質や状態、心情を表します。☞ P.76 16日目

싸요 安いです　**작아요** 小さいです

3. 指定詞

名詞などの後ろについて「～です」「～ではありません」を表します。

☞ P.70 15日目

예요 / 이에요 ～です　**아니에요** ～ではありません

4. 存在詞

「あります」「います」「ありません」「いません」を表します。☞ P.82 17日目

있어요 あります、います　**없어요** ありません、いません

144

📌 基本形とは？

韓国語の動詞や形容詞などの用言には、英語の原形に当たる「基本形」という形があります。すべての用言が다で終わります。

ヘヨ体 現在形	基本形	ヘヨ体 現在形	基本形
알아요	알다	작아요	작다
공부해요	공부하다	있어요	있다

📌 語幹とは？

韓国語の用言は、語幹と語尾に分けられます。語幹とは、基本形から最後の다を取った部分です。語尾とは語幹の後に付く部分で、単語の具体的な意味などを表します。

活用形（ヘヨ体）	基本形		語幹 + 語尾
알아요 わかります	語幹 [알다 わかる	▶	알 + 아요
있어요 あります	있다 ある	▶	있 + 어요

語尾を付けるときは基本形から다を取ることを忘れないようにしましょう

📌 陽語幹・陰語幹とは？

語幹は「陽語幹」と「陰語幹」に分けられます。語幹の最後の母音が陽母音（ㅏ、ㅑ、ㅗ）であるものを陽語幹、陰母音（ㅏ、ㅑ、ㅗ以外）であるものを陰語幹といいます。

語幹の最後の母音
알다 입다 오다

알다	높다	➡	ㅏ、ㅗは陽母音
주다	입다	➡	ㅜ、ㅣは陰母音

145

📌 用言の活用

韓国語の用言の活用には以下の三つのパターンがあり、そのパターンによって、どのような語尾や表現がつながるかが決まっています。

三つの活用形の活用パターンと語尾・表現

パターン	活用形の作り方	語尾・表現の例
①型	語幹＋語尾 例 먹다 ➡ 먹고 있어요	- 고 있어요 (〜しています) - 고 싶어요 (〜したいです) - 자 (〜しよう) - 고 (〜して) - 지 않아요 (〜しません)
②型	・**語幹の最後の文字にパッチムなし** 語幹＋語尾 例 가다 ➡ 가세요 ・**語幹の最後の文字にパッチムあり** 語幹＋으＋語尾 例 믿다 ➡ 믿으세요 ・**語幹の最後の文字がㄹパッチム** ㄹが脱落することがある。 例 알다 ➡ 아세요	-(으)세요 (〜されます〈敬語〉) -(으)ㄹ 수 있어요 (〜することができます) -(으)면 안 돼요 (〜したらいけません) -(으)면 (〜したら) -(으)ㄹ 거예요 (〜する予定です) -(으)ㄹ게요 (〜しましょう) -(으)ㄹ까요? (〜しますか)
③型	・**語幹の最後の母音が陽母音** 語幹＋아語尾 例 알다 ➡ 알아요 ・**語幹の最後の母音が陰母音** 語幹＋어語尾 例 먹다 ➡ 먹어요 ・**하다は하다が해に変わり、해＋語尾** 例 사랑하다 ➡ 사랑해요	- 아/어요 (〜します・です☞16日目) - 아/어 (〜するよ☞19日目) - 았/었어요 (〜しました☞18日目) - 아/어도 돼요 (〜してもいいです☞27日目) - 아/어 주세요 (〜してください☞25日目) - 아/어 보고 싶어요 (〜してみたいです☞26日目) - 아/어 줄래요? (〜してくれますか)

146

📌基本形からヘヨ体を作ってみる

①語幹の最後の文字にパッチムがある	陽語幹＋**아요**	**알다** わかる ▶ **알＋아요** ▶ **알아요** わかります
	陰語幹＋**어요**	**먹다** 食べる ▶ **먹＋어요** ▶ **먹어요** 食べます
②**하다**	**하다 ➡ 해요**	**사랑하다** 愛する ▶ **사랑해요** 愛します
③語幹の最後の文字にパッチムがない	そのまま覚えましょう	**가다** 行く ▶ **가＋아요** ▶ **가요** 行きます **오다** 来る ▶ **오＋아요** ▶ **와요** 来ます **서다** 立つ ▶ **서＋어요** ▶ **서요** 立ちます **배우다** 学ぶ ▶ **배우＋어요** ▶ **배워요** 学びます **마시다** 飲む ▶ **마시＋어요** ▶ **마셔요** 飲みます **지내다** 過ごす ▶ **지내어요** ▶ **지내요** 過ごします **되다** なる ▶ **되어요** ▶ **돼요** なります **쉬다** 休む ▶ **쉬어요** ▶ **쉬어요** 休みます

この他に**아름답다**(美しい) ▶ **아름다워요**(美しいです)のようになるものもありますが、大部分は上の説明で作ることができます。

147

📌 用言のヘヨ体現在形と基本形の一覧表

この本で学んだ用言とそのヘヨ体現在形・基本形を掲載しました。

가나다順。指=指定詞、形=形容詞、存=[存]、動=動詞

ヘヨ体現在形	品詞	現在形訳	基本形
가르쳐요	動	教えます	가르치다
가요	動	行きます	가다
걸어요	動	かけます	걸다
계산해요	動	計算します、会計します	계산하다
계세요	存	いらっしゃいます ※있어요の尊敬語	계시다
계속해요	動	続けます	계속하다
공부해요	動	勉強します	공부하다
괜찮아요	形	大丈夫です	괜찮다
그래요	形	そうです	그렇다
그만둬요	動	やめます	그만두다
길어요	動	長いです	길다
노래해요	動	歌います	노래하다
노력해요	動	努力します	노력하다
놀아요	動	遊びます	놀다
놓아요	動	置きます	놓다
다녀요	動	通います	다니다
닫아요	動	閉めます	닫다
달라져요	動	変わります	달라지다
달아요	形	甘いです	달다
대단해요	形	すごいです	대단하다
도와줘요	動	助けます、手伝います	도와주다
돼요	動	なります	되다
들어요	動	聞きます	듣다
따뜻해요	形	暖かいです	따뜻하다

ヘヨ体現在形	品詞	現在形訳	基本形
떠나요	動	出発します、離れます	떠나다
마셔요	動	飲みます	마시다
만나요	動	会います	만나다
만들어요	動	作ります	만들다
많아요	形	多いです	많다
말해요	動	話します	말하다
맛없어요	存	まずいです	맛없다
맛있어요	存	おいしいです	맛있다
맞아요	動	そうです、合っています	맞다
매워요	形	辛いです	맵다
먹어요	動	食べます	먹다
몰라요	動	知りません	모르다
못 해요	動	できません	못 하다
미안해요	形	申し訳ないです	미안하다
믿어요	動	信じます	믿다
바꿔요	動	変えます	바꾸다
반가워요	形	うれしいです	반갑다
배고파요	形	おなかがすいています	배고프다
배워요	動	学びます	배우다
봐요	動	見ます、会います	보다
부끄러워요	形	恥ずかしいです	부끄럽다
부러워요	形	うらやましいです	부럽다
불러요	動	歌います、呼びます	부르다
비싸요	形	(値段が)高いです	비싸다

148

ヘヨ体現在形	品詞	現在形訳	基本形
빠져요	動	ハマります、落ちます	빠지다
사귀어요	動	付き合います	사귀다
설명해요	動	説明します	설명하다
쇼핑해요	動	買い物します	쇼핑하다
숙제해요	動	宿題をします	숙제하다
시켜요	動	注文します、させます	시키다
싫어요	形	いやです	싫다
싫어해요	動	嫌いです	싫어하다
써요	動	使います	쓰다
아니에요	指	(〜では)ないです	아니다
안녕해요	形	つつがないです	안녕하다
앉아요	動	座ります	앉다
알아들어요	動	聞き取れます、理解します	알아듣다
알아요	動	わかります、知ります	알다
약속해요	動	約束します	약속하다
어려워요	形	難しいです	이럽디
없어요	存	いません、ありません	없다
연습해요	動	練習する	연습하다
열어요	動	開けます	열다
예뻐요	形	かわいいです	예쁘다
예요	指	〜です	이다
와요	動	来ます	오다
외워요	動	覚えます	외우다
유학해요	動	留学します	유학하다
이야기해요	動	話します	이야기하다
이에요	指	〜です	이다

ヘヨ体現在形	品詞	現在形訳	基本形
인사해요	動	あいさつします	인사하다
일어나요	動	立ち上がります、起きます	일어나다
읽어요	動	読みます	읽다
입어요	動	着ます	입다
있어요	存	います、あります	있다
자요	動	寝ます	자다
재미있어요	存	面白いです	재미있다
전화해요	動	電話します	전화하다
좋아요	形	いいです	좋다
좋아하는	形	好きな…	좋아하다
좋아해요	動	好きです	좋아하다
주문해요	動	注文します	주문하다
준비해요	動	準備します	준비하다
즐거워요	形	楽しいです	즐겁다
질문해요	動	質問します	질문하다
짜요	動	塩辛いです	짜다
찍어요	動	(写真を)撮ります、(先に何かを)つけます	찍다
차요	形	冷たいです	차다
찾아요	動	探します	찾다
출발해요	動	出発します	출발하다
친구 해요	動	友達になります	친구 하다
커요	形	大きいです	크다
편해요	形	楽です	편하다
피어요	動	咲きます	피다
해요	動	します	하다
행복해요	形	幸せです	행복하다

149

巻末付録

「中学生と高校生のための学習用単語リスト」

　この本で学んだ単語と「高校生のための韓国語検定試験」の初級語彙（2023年度試験用）をまとめた学習用単語約800語のリストです。さらに上のレベルに進むために、単語の頭のチェックボックスも活用して、ぜひすべて覚えるようにしましょう！

【単語リストの見方】
- カナダラ（ㄱㄴㄷㄹ）順に並べました（カナダラ順についてはp.47参照）
- 「＊」が付いた単語は「高校生のための韓国語検定試験（2023年度試験用）」の初級語彙に指定されている単語です
- 「P.」に続く数字はこの本での初出ページです（1週目と各週の「おさらい」は除く）
- 表記と発音が異なる単語は、[　]内に実際の発音を示しました

ㄱ

- □ **가게**＊　店
- □ **가구**　家具、P.44
- □ **가까워요**＊　近いです
- □ **가르쳐요**＊ [가르처요]　教えます、P.123
- □ **가방**＊　カバン、P.55
- □ **가수**＊　歌手、P.45
- □ **가요**＊　行きます、P.57
- □ **가을**＊　秋、P.87
- □ **가족**＊　家族、P.80
- □ **간호사**＊ [가노사]　看護師
- □ **갈비**＊　カルビ
- □ **감사해요**＊　感謝します
- □ **감상**　鑑賞、P.72
- □ **갑자기** [갑짜기]　急に、P.62
- □ **값**＊ [갑]　値段、P.61
- □ **강**＊　川、P.55

- □ **강아지**＊　小犬、P.82
- □ **같이** [가치]　一緒に、P.58
- □ **개¹**＊　犬、P.45
- □ **개²**＊　～個、P.99
- □ **거**＊/**것** [/걷]　こと、もの
- □ **거기**＊　そこ、P.70
- □ **거실**＊　リビング
- □ **건강해요**＊　健康です
- □ **건물**＊　建物
- □ **걸어요** [거러요]　歩きます、P.136
- □ **게임** [께임]　ゲーム、P.89
- □ **겨울**＊　冬、P.87
- □ **계산** [게산]　計算、お会計、P.55
- □ **계산해요** [게사내요]　計算します、お会計します、P.123
- □ **계세요** [게세요]　いらっしゃいます、P.83
- □ **계속해요** [게소캐요]　続けます、P.136

□ **계절*** [게절] 季節		□ **그냥** そのまま、ただ単に、P.85	
□ **고기*** 肉		□ **그래서*** だから	
□ **고등학교*** [고등학교] 高校、P.92		□ **그래요** そうです、P.97	
□ **고등학생*** [고등학쌩] 高校生、P.71		□ **그러면*** それでは、P.125	
□ **고마워요*** ありがとうございます		□ **그럼*** それでは、P.117	
□ **고모** （父方の）おばさん、P.81		□ **그렇게** [그러케] そのように、P.63	
□ **고양이*** 猫、P.84		□ **그리고*** そして、P.91	
□ **고추*** トウガラシ、P.49		□ **그림*** 絵	
□ **고추장*** コチュジャン		□ **그만둬요** 辞めます、P.139	
□ **공*** 0		□ **그제** おととい、P.87	
□ **공무원*** 公務員		□ **극장*** [극짱] 劇場	
□ **공부해요*** 勉強します、P.89		□ **근처*** 近所	
□ **공원*** 公園		□ **금요일*** [그묘일] 金曜日、P.61	
□ **과** 課、P.75		□ **기념일** [기녀밀] 記念日、P.87	
□ **과일*** 果物、フルーツ		□ **기다려요*** 待ちます	
□ **과자** お菓子、P.45		□ **기뻐요*** うれしいです	
□ **관심** 関心、P.83		□ **기타** ギター、P.103	
□ **괜찮아요** [괜차나요] 大丈夫です、P.61		□ **길어요** [기러요] 長いです、P.108	
□ **교과서*** 教科書、P.93		□ **김밥** [김빱] キンパ、のり巻き、P.117	
□ **교무실*** 職員室、P.93		□ **김치*** キムチ、P.88	
□ **교복*** 制服、P.93		□ **까마귀** カラス、P.49	
□ **교사** 教師、P.81		□ **까만*** 黒い～	
□ **교시** ～時間目、P.98		□ **깨끗해요*** [깨끄태요] きれいです	
□ **교실*** 教室、P.93		□ **꽃*** [꼳] 花、P.55	
□ **구** 9、P.98		□ **꿈*** 夢、P.72	
□ **구두** 革靴、P.45		□ **끝나요*** [끈나요] 終わります	
□ **구월** 9月、P.86			
□ **국어*** [구거] 国語		**ㄴ**	
□ **권*** ～冊		□ **나*** 僕、私（わたし）、P.80	
□ **귤*** ミカン		□ **나가요*** 出ていきます	
□ **그*** その		□ **나라** 国、P.45	
□ **그거/그것*** [/그걷] それ、P.137		□ **나무*** 木	

- **나빠요*** 悪いです
- **나와요*** 出てきます
- **날씨*** 天気
- **남동생*** 弟、P.80
- **남자*** 男、P.80
- **남자 친구** 彼氏、P.85
- **남학생** [나막쌩] 男子生徒・学生・児童、P.81
- **낮** [낟] 昼、P.87
- **내*** 私の、P.80
- **내년*** 来年、P.87
- **내일*** あした、P.72
- **냉면*** 冷麺
- **너*** 君、おまえ
- **너무*** とても、P.77
- **네¹** 君の、おまえの、P.129
- **네²*** 四つの、P.99
- **네³*** はい、P.79
- **넷*** [넫] 4、四つ、P.99
- **년** 年、P.98
- **노란*** 黄色い~
- **노래*** 歌、P.57
- **노래방** カラオケ、P.57
- **노래해요** 歌います、P.124
- **노력해요** [노려캐요] 努力します、P.139
- **노트*** ノート、P.93
- **놀아요*** [노라요] 遊びます、P.95
- **농구** バスケットボール、P.108
- **농구부** バスケ部、P.93
- **누가*** 誰が
- **누구*** 誰、P.100
- **누나*** （弟から見た）お姉さん、P.80

- **눈¹*** 目
- **눈²*** 雪
- **뉴스*** [뉴쓰] ニュース
- **늦어요*** [느저요] 遅れます

ㄷ

- **다*** すっかり、全部、P.117
- **다녀요*** 通います、P.107
- **다리¹*** 脚
- **다리²*** 橋
- **다섯*** [다섣] 5、五つ、P.99
- **다시*** 再び
- **다음*** 次、P.86
- **다음 달** [다음 딸] 来月、P.87
- **다음 주*** [다음 쭈] 来週、P.86
- **닫아요*** [다다요] 閉めます、P.124
- **달라요*** 異なります
- **달라져요** [달라저요] 変わります、P.140
- **달아요** [다라요] 甘いです、P.120
- **닭** [닥] 鶏、P.53
- **닭고기** [닥꼬기] 鶏肉、P.63
- **담임** [다밈] 担任、P.81
- **대*** 台
- **대단해요** [대다내요] すごいです、P.78
- **대학** 学部、P.92
- **대학교*** [대학꾜] 大学、P.92
- **대학생*** [대학쌩] 大学生、P.79
- **댄서** [땐써] ダンサー、P.72
- **댄스** [땐쓰] ダンス、P.96
- **더*** もっと、さらに、P.117
- **더워요*** 暑いです
- **도서관*** 図書館、P.93

- **도와줘요** 助けてあげます・くれます、P.140
- **도착해요**＊ [도차캐요] 到着します
- **도쿄**＊ 東京
- **독서**＊ [독써] 読書
- **돈**＊ お金
- **동갑** 同い年、P.109
- **동생**＊ 弟／妹、P.80
- **동아리** サークル、~部、P.93
- **동영상** 動画、P.95
- **동창생** 同級生、P.81
- **돼요**＊ なります、P.117
- **돼지**＊ 豚
- **두**＊ 二つの、P.99
- **둘**＊ 2、二つ、P.99
- **뒤**＊ 後ろ
- **드려요**＊ 差し上げます
- **드셔요**＊ 召し上がります
- **들** ~たち、P.96
- **들어가요**＊ [드러가요] 入っていきます
- **들어요**＊ [드러요] 聞きます、P.90
- **따뜻해요** [따뜨태요] 温かいです、P.64
- **딸기**＊ イチゴ
- **때** 時（とき）、P.96
- **떠나요** 出発します、P.56
- **떡볶이**＊ [떡뽀끼] トッポッキ
- **또** また、P.49
- **뜨거워요**＊ 熱いです

ㄹ

- **라면**＊ ラーメン

ㅁ

- **마리** ~匹・頭・羽・尾、P.99
- **마셔요**＊ 飲みます、P.90
- **마음대로** 思い通りに、好きなように、P.137
- **마흔** 40、P.99
- **만**＊ 万、P.98
- **만나요**＊ 会います、P.91
- **만들어요**＊ [만드러요] 作ります、P.61
- **만화**＊ [마놔] 漫画
- **만화 동아리** [마놔 동아리] 漫画研究部、P.93
- **많아요**＊ [마나요] 多いです、P.59
- **많이**＊ [마니] 多く、P.135
- **말**＊ 言葉、P.109
- **말 놓아요** [말 로아요] ため口で話します、P.109
- **말해요** [마래요] 話します、P.123
- **맛**＊ [맏] 味
- **맛없어요**＊ [마덥써요] まずいです、P.120
- **맛있어요**＊ [마시써요] おいしいです、P.84
- **맛집** [맏찝] おいしい店、P.129
- **맞아요** [마자요] 正しいです、合っています、P.141
- **매워요**＊ 辛いです、P.57
- **매일**＊ 毎日、P.78
- **머리**＊ 頭、髪、P.45
- **먹어요**＊ [머거요] 食べます、P.88
- **먼저**＊ 先に、P.135
- **멋있어요**＊ [머시써요] 格好いいです
- **메뉴**＊ メニュー
- **며칠**＊ 何日
- **명**＊ ~人、~名、P.99

153

- **몇*** [멷] いくつ、P.100
- **모두*** 全て、全部、皆
- **모레*** あさって、P.87
- **모자*** 帽子
- **목요일*** [모교일] 木曜日、P.58
- **몰라요*** 知りません、わかりません、P.57
- **몸** 体、P.55
- **못*** [몯] ～できない
- **못 해요** [모 태요] できません、P.64
- **무슨*** 何の、P.100
- **문제** 問題、P.92
- **문화** [무놔] 文化、P.61
- **물*** 水
- **물건*** 物
- **뭐/무엇*** [/무얻] 何、P.100
- **미국*** アメリカ
- **미술부** 美術部、P.93
- **미안해요*** [미아내요] ごめんなさい、P.57
- **미역** ワカメ、P.55
- **믿어요** [미더요] 信じます、P.140

ㅂ

- **바꿔요** 変えます、P.140
- **바나나*** バナナ
- **바다*** 海、P.95
- **바빠요*** 忙しいです
- **바지*** ズボン
- **밖*** [박] 外
- **반*** クラス、組
- **반가워요*** （会えて）うれしいです、P.73
- **반찬*** おかず
- **받아요*** [바다요] もらいます、受けます

- **밤*** 夜、P.87
- **밥*** ご飯、P.84
- **방*** 部屋、P.75
- **방과 후*** 放課後
- **방송부** 放送部、P.93
- **방학*** 学期休み、P.87
- **배*** 腹
- **배고파요*** おなかがすきました、P.117
- **배구*** バレーボール
- **배구부** バレー部、P.93
- **배워요*** 学びます、P.132
- **백*** 百、P.98
- **백일** [배길] 付き合って100日目の記念日、P.87
- **백화점** [배콰점] デパート、P.64
- **밴드 동아리** [밴드 동아리] 軽音楽部、P.93
- **버스*** [뻐쓰] バス
- **번*** ～番、～回、P.98
- **번호*** [버노] 番号
- **별*** 星
- **병원*** 病院
- **보내요*** 送ります
- **볼펜*** ボールペン、P.93
- **봄*** 春、P.87
- **봐요*** 見ます、会います、P.88
- **부끄러워요** 恥ずかしいです、P.79
- **부러워요** うらやましいです、P.78
- **부모님*** 両親、P.83
- **부부** 夫婦、P.44
- **부산** 釜山、P.44
- **부엌** [부억] 台所、P.55
- **분*** ～分、P.98

- 분* ～の方
- 불고기* プルコギ
- 불러요* 歌います、P.90
- 불합격 [부랍격] 不合格、P.92
- 브라스 밴드부 吹奏楽部、P.93
- 비* 雨
- 비빔밥* [비빔빱] ビビンバ、P.88
- 비슷해요 [비스태요] 似ています、P.63
- 비싸요* （値段が）高いです、P.49
- 비행기* 飛行機
- 빠져요 [빠저요] 溺れます、はまります、P.97
- 빨간* 赤い～
- 빨리* 早く、P.115
- 빵* パン

ㅅ

- 사* 4、P.98
- 사과* リンゴ
- 사귀어요 付き合います、P.131
- 사람* 人、P.73
- 사랑해요* 愛します
- 사무실 事務所、P.133
- 사요* 買います
- 사월 4月、P.86
- 사이트 [싸이트] サイト、P.129
- 사전* 辞典、辞書
- 사진* 写真
- 사촌 いとこ、P.81
- 사탕* 飴（あめ）
- 산* 山
- 살 ～歳. P.99

- 살아요* [사라요] 住みます、生きます
- 삶 [삼] 人生、生活、P.53
- 삼* 3、P.98
- 삼겹살* [삼겹쌀] 豚バラ、サムギョプサル、P.91
- 삼월 [사뭘] 3月、P.86
- 삼촌 （父方の主に未婚の）おじさん、P.81
- 새 新しい、P.123
- 색* 色
- 생각해요* [생가캐요] 考えます
- 생선* 魚
- 생일* 誕生日、P.87
- 샤프 シャープペン、P.93
- 서른 30、P.99
- 서예 동아리 書道部、P.93
- 서울* ソウル、P.129
- 서점* 書店
- 선물* プレゼント、お土産
- 선배* 先輩、P.81
- 선생님* 先生、P.70
- 선수 選手、P.108
- 설명해요 説明します、P.120
- 세* 三つの、P.99
- 세수해요* 顔を洗います
- 셋* [셀] 3、三つ、P.99
- 손* 手
- 손수건* [손쑤건] ハンカチ
- 쇼핑* ショッピング、買い物
- 쇼핑해요 買い物します、P.131
- 수능 韓国版の大学共通テスト、P.92
- 수박* スイカ
- 수업* 授業、P.82

155

□ **수영*** 水泳、P.55	□ **싫어해요*** [시러해요] 嫌いです、P.57
□ **수요일*** 水曜日、P.86	□ **십*** 10、P.98
□ **수학*** 数学、P.95	□ **십구** [십꾸] 19、P.98
□ **수학여행** [수항녀행] 修学旅行、P.92	□ **십사** [십싸] 14、P.98
□ **숙제*** [숙쩨] 宿題、P.92	□ **십삼** [십쌈] 13、P.98
□ **숙제해요** [숙쩨해요] 宿題をやります、P.140	□ **십오** [시보] 15、P.98
□ **숟가락*** [숟까락] さじ、P.64	□ **십육** [심뉵] 16、P.98
□ **쉬워요*** やさしいです	□ **십이** [시비] 12、P.98
□ **쉰** 50、P.99	□ **십이월** [시비월] 12月、P.86
□ **스마트폰** スマホ、P.129	□ **십일** [시일] 11、P.98
□ **스무** 20の、P.99	□ **십일월** [시비뤌] 11月、P.86
□ **스물** 20、P.99	□ **십칠** 17、P.98
□ **스타** スター、P.56	□ **십팔** 18、P.98
□ **스포츠*** スポーツ	□ **싶어요*** [시퍼요] 〜したいです
□ **슬퍼요*** 悲しいです、P.76	□ **싸게 해요** 安くします、P.123
□ **시**¹ 詩、P.75	□ **싸요*** 安いです
□ **시**²* 〜時、P.99	□ **쌤** （親しい先生の呼び方）せんせー、P.81
□ **시간*** 時間、P.107	□ **써요**¹* 使います、P.131
□ **시계*** [시게] 時計、P.45	□ **써요**²* 書きます
□ **시끄러워요*** うるさいです	□ **써요**³* （帽子を）かぶります
□ **시월*** 10月、P.86	□ **써요**⁴* （傘を）さします
□ **시작해요*** [시자캐요] 始まります	□ **씨*** 〜さん、P.73
□ **시장*** 市場	□ **씻어요*** [씨서요] 洗います
□ **시켜요*** させます、注文します、P.131	
□ **시험*** 試験、テスト、P.76	 ㅇ
□ **식당*** [식땅] 食堂	□ **안녕하세요** おはよう、こんにちは、こんばんは、P.73
□ **식사*** [식싸] 食事	□ **아뇨** いいえ、P.73
□ **신문*** 新聞	□ **아니에요** 違います、P.85
□ **신발*** 靴	□ **아니요*** いいえ
□ **신오쿠보** [시노쿠보] 新大久保、P.91	□ **아들** 息子、P.81
□ **싫어요*** [시러요] いやです、P.61	□ **아래*** 下

156

□ **아르바이트*** アルバイト、P.127

□ **아버지*** お父さん、P.45

□ **아빠** パパ、P.80

□ **아이*** 子ども、P.37

□ **아이돌** アイドル、P.78

□ **아이스크림*** アイスクリーム

□ **아저씨*** おじさん、P.81

□ **아주** とても、P.125

□ **아주머니*** おばさん、P.81

□ **아직*** まだ、P.119

□ **아침** 朝、朝食、P.87

□ **아파요*** 痛いです

□ **아파트*** マンション

□ **아홉*** 9、九つ、P.99

□ **아흔** 90、P.99

□ **악기** [악끼] 楽器、P.103

□ **안*** 中

□ **안 맵게** [안 맵께] 辛くないように、P.125

□ **안경*** 眼鏡

□ **앉아요*** [안자요] 座ります、P.59

□ **알바** アルバイト、P.139

□ **알아들어요** [아라드러요] 聞き取れます、理解します、P.61

□ **알아요*** [아라요] わかります、知っています、P.109

□ **앞*** [압] 前、P.55

□ **야** おい、P.119

□ **야구*** 野球

□ **야구부** 野球部、P.93

□ **야외** 野外、P.41

□ **약*** 薬

□ **약국** [약꾹] 薬局、P.62

□ **약속*** [약쏙] 約束

□ **약속해요** [약쏘캐요] 約束します、P.124

□ **양말** 靴下

□ **양호실*** 保健室

□ **얘들아** [얘드라] みんな (仲間に呼びかける表現)、P.115

□ **어느*** どの

□ **어디*** どこ、P.100

□ **어떤*** どんな、P.100

□ **어떻게** [어떠케] どのように、P.64

□ **어려워요*** 難しいです、P.76

□ **어린이집** [어리니집] 保育園、P.92

□ **어머니*** お母さん、P.45

□ **어제** 昨日、P.87

□ **억** 億、P.98

□ **언니*** （妹から見た）お姉さん、P.70

□ **언제*** いつ、P.100

□ **얼굴*** 顔、P.77

□ **얼마*** いくら、P.100

□ **엄마** ママ、P.80

□ **없어요*** [업써요] いません、ありません、P.82

□ **에이** A、P.41

□ **여기*** ここ、P.70

□ **여덟*** [여덜] 8、八つ、P.61

□ **여동생*** 妹、P.80

□ **여든** 80、P.99

□ **여러분*** 皆さん

□ **여름*** 夏、P.87

□ **여섯*** [여섣] 6、六つ、P.99

□ **여우** キツネ、P.37

□ **여유** 余裕、P.37

157

- **여자** 女、P.80
- **여학생** [여학쌩] 女子生徒・学生・児童、P.81
- **여행*** 旅行、P.141
- **역*** 駅
- **연극부** [연극뿌] 演劇部、P.93
- **연습해요** [연스패요] 練習します、P.63
- **연주** 演奏、P.103
- **연필*** 鉛筆
- **열*** 十、P.99
- **열네** [열레] 14 の、P.99
- **열넷** [열렏] 14、P.99
- **열다섯** [열따섣] 15、P.99
- **열두** [열뚜] 12 の、P.99
- **열둘*** [열뚤] 12、P.99
- **열세** [열쎄] 13 の、P.99
- **열셋** [열쎋] 13、P.99
- **열심히** [열씨미] 熱心に、一生懸命に、P.115
- **열아홉** [여라홉] 19、P.99
- **열어요*** [여러요] 開けます、P.122
- **열여덟** [열려덜] 18、P.99
- **열여섯** [열려섣] 16、P.99
- **열일곱** [여릴곱] 17、P.99
- **열하나*** [여라나] 11、P.99
- **열한** [여란] 11 の、P.99
- **영** 0、P.98
- **영어*** 英語、P.95
- **영화*** 映画、P.91
- **영화 감상*** 映画鑑賞
- **영화관*** 映画館、P.91
- **옆*** [엽] 横

- **예** 例、P.41
- **예능 프로** バラエティー番組、P.108
- **예뻐요*** かわいいです、P.77
- **예순** 60、P.99
- **예의** [예이] 礼儀、P.41
- **오*** 5、P.37
- **오늘*** 今日、P.87
- **오른쪽*** 右（側）
- **오빠*** （妹から見た）お兄さん、P.49
- **오월** 5月、P.86
- **오이** キュウリ、P.37
- **오전*** 午前、P.87
- **오후*** 午後、P.87
- **올해*** [오래] 今年、P.87
- **옷*** [옫] 服
- **옷장*** [옫짱] タンス、クローゼット
- **와** うあ、P.41
- **와요*** 来ます、P.41
- **완전히** [완저니] 完全に、P.97
- **왜*** なぜ、P.41
- **외국** 外国
- **외삼촌** （母方の）おじさん、P.81
- **외워요** 覚えます、P.41
- **외할머니** （母方の）おばあさん、P.80
- **외할아버지** [외하라버지] （母方の）おじいさん、P.80
- **왼쪽*** 左（側）
- **요리*** 料理、P.45
- **요일*** 曜日、P.102
- **우리*** 私たち、P.72
- **우산*** 傘
- **우아** わあ、P.37

□ **우유*** 牛乳、P.37	□ **이메일*** Eメール
□ **우체국*** 郵便局	□ **이모** (母方の) おばさん、P.81
□ **우표** 切手、P.49	□ **이번*** 今回、P.86
□ **운동** 運動、P.116	□ **이번 달** [이번 딸] 今月、P.87
□ **운동장*** 運動場、グラウンド、P.93	□ **이번 주*** [이번 쭈] 今週、P.86
□ **운동해요*** 運動します、P.118	□ **이십** 20、P.98
□ **울어요*** [우러요] 泣きます	□ **이야기해요*** 話します、P.133
□ **웃어요*** [우서요] 笑います	□ **이월** 2月、P.86
□ **원*** ウォン、P.98	□ **이유** 理由、P.37
□ **월*** ~月、P.98	□ **이제** もう、P.139
□ **월요일*** [워료일] 月曜日、P.86	□ **이쪽*** こちら (側)
□ **위*** 上、P.41	□ **인사해요*** あいさつします、P.119
□ **유명해요*** 有名です	□ **인상** 印象、P.123
□ **유월*** 6月、P.86	□ **인터넷*** [인터넫] インターネット
□ **유자차** ゆず茶、P.137	□ **일¹** 仕事、用、こと、P.102
□ **유치원** 幼稚園、P.92	□ **일²*** 1、P.98
□ **유학생** [유학쌩] 留学生、P.79	□ **일³*** ~日、P.98
□ **유학해요** [유하캐요] 留学します、P.128	□ **일곱*** 7、七つ、P.99
□ **육*** 6、P.98	□ **일본*** 日本、P.73
□ **육상부** [육쌍부] 陸上部、P.93	□ **일본말*** 日本語
□ **은행*** [으냉] 銀行	□ **일본어** [일보너] 日本語、P.79
□ **음료수** [음뇨수] ソフトドリンク、P.90	□ **일어나요*** [이러나요] 起きます、立ち上がります、P.117
□ **음식*** 食べ物	
□ **음악*** [으막] 音楽、P.58	□ **일요일*** [이료일] 日曜日、P.86
□ **음악 감상*** [으막 깜상] 音楽鑑賞	□ **일월** [이뤌] 1月、P.86
□ **의사** 医者	□ **일주일*** [일쭈일] 1週間
□ **의외** 意外、P.41	□ **일찍** 早く、P.116
□ **의자** いす、P.93	□ **읽어요*** [일거요] 読みます、P.124
□ **이¹*** この、P.37	□ **입어요*** [이버요] 着ます、P.127
□ **이²*** 2、P.98	□ **입학** [이팍] 入学、P.92
□ **이거/이것*** [/이걷] これ、P.101	□ **있어요*** [이써요] います、あります、P.82
□ **이름*** 名前、P.71	

159

ㅈ

- **자동차*** 自動車
- **자요*** 寝ます、P.51
- **자전거** 自転車
- **자주*** しばしば、P.44
- **작년*** [장년] 去年、P.87
- **작아요*** [자가요] 小さいです
- **잔*** ～杯
- **잘*** よく（上手く）
- **잡지*** [잡찌] 雑誌
- **장*** ～枚
- **재미없어요*** [재미업써요] 面白くないです
- **재미있어요*** [재미이써요] 面白いです、P.84
- **재수** 浪人（一浪）、P.92
- **저¹*** 私（わたくし）、P.71
- **저²*** ええと
- **저거/저것*** [/저걷] あれ
- **저고리*** チョゴリ
- **저기*** あそこ
- **저기요** あの、すみません、P.137
- **저녁*** 夕方、夕食、P.87
- **저희** [저히] 私（わたくし）たち、P.80
- **적어요*** [저거요] 少ないです
- **전*** 前
- **전공** 専攻、P.92
- **전문대학** 専門学校、短大、P.92
- **전철*** 電車
- **전화*** [저놔] 電話、P.60
- **전화번호*** [저놔버노] 電話番号
- **전화해요*** [저놔해요] 電話します、P.135
- **점심*** お昼、昼食

- **젓가락*** [젇까락] 箸、P.64
- **정말*** 本当（に）、P.78
- **정문** 正門
- **제*** 私（わたくし）の、P.71
- **제일** 一番
- **제주** 済州、P.44
- **조금*** 少し
- **조용해요*** 静かです
- **조카** おい／めい、P.81
- **졸업** [조럽] 卒業、P.92
- **졸업생** [조럽쌩] 卒業生、P.81
- **좀*** ちょっと、P.129
- **좋아요*** [조아요] いいです、好きです、P.60
- **좋아하는** [조아하는] 好きな～、P.84
- **좋아해요*** [조아해요] 好きです、P.90
- **주말*** 週末、P.87
- **주문해요*** [주무내요] 注文します、P.137
- **주소*** 住所
- **주스*** [주쓰] ジュース
- **준비** 準備、P.141
- **준비해요** 準備します、P.115
- **중국*** 中国
- **중학교*** [중학꾜] 中学校、P.92
- **중학생*** [중학쌩] 中学生、P.71
- **줘요*** あげます、くれます、P.129
- **즐거워요** 楽しいです、P.77
- **지갑*** 財布
- **지금** 今、P.87
- **지난*** 前の～
- **지난달*** 先月、P.87
- **지난주*** 先週、P.86
- **지내요*** 過ごします

□ **지우개*** 消しゴム、P.93

□ **지하철*** 地下鉄

□ **진로** [질로] 進路、P.92

□ **질문해요** [질무내요] 質問します、P.132

□ **집*** 家、P.82

□ **짜요** 塩辛いです、P.51

□ **짜장면*** ジャージャー麺、P.97

□ **짬뽕** チャンポン、P.125

□ **찌개*** チゲ、P.49

□ **찍어요*** [찌거요] （写真を）撮ります、P.132

ㅊ

□ **차*** お茶

□ **차요** 冷たいです、P.51

□ **창문*** 窓、P.139

□ **찾아요*** [차자요] 探します、P.129

□ **책** 本、P.84

□ **책상*** [책쌍] 机、P.64

□ **처음*** 初めて

□ **천*** 千、P.98

□ **천천히*** [천처니] ゆっくり、P.135

□ **체육** 体育

□ **체육관*** [체육꽌] 体育館、P.93

□ **초등학교*** [초등학꾜] 小学校、P.92

□ **초등학생*** [초등학쌩] 小学生

□ **초콜릿*** [초콜릳] チョコレート

□ **최애** 推し、P.101

□ **추워요*** 寒いです

□ **축구*** [축꾸] サッカー

□ **축구부** [축꾸부] サッカー部、P.93

□ **축하해요*** [추카해요] おめでとうございます、祝います

□ **출발해요** [출바래요] 出発します、P.139

□ **춤** ダンス、踊り、P.78

□ **취미*** 趣味、P.49

□ **층*** 階、P.98

□ **치마** スカート

□ **치킨*** チキン

□ **친구*** 友達、P.81

□ **친구해요** 友達になります、P.109

□ **친절해요*** [친저래요] 親切です

□ **친척** 親戚、P.81

□ **칠*** 7、P.98

□ **칠월** [치뤌] 7月、P.86

□ **칠판*** 黒板

□ **침대*** ベッド

ㅋ

□ **카드*** カード

□ **커요*** 大きいです、P.76

□ **커피*** コーヒー

□ **컴퓨터*** コンピューター

□ **케이크*** ケーキ、P.137

□ **케이팝** K-POP、P.83

□ **코** 鼻、P.49

□ **코코아*** ココア

□ **콘서트** [콘써트] コンサート、P.56

□ **클럽 활동** [클러 퐐똥] 部活、P.93

□ **키** 背、P.76

ㅌ

□ **타요*** 乗ります

□ **탁구*** [탁꾸] 卓球

□ **택시*** [택씨] タクシー

161

- **테니스*** [테니쓰] テニス
- **텔레비전/티브이*** テレビ
- **토끼*** ウサギ、P.49
- **토마토*** トマト
- **토요일*** 土曜日、P.82
- **트로트** トロット（韓国歌謡）、P.90
- **특히*** [트키] 特に
- **티켓** [티켇] チケット、P.55

ㅍ

- **파란*** 青い〜
- **파트** パート、P.56
- **파티*** パーティー
- **팔*** 8、P.98
- **팔아요*** [파라요] 売ります
- **팔월** [파뤌] 8月、P.86
- **팥빙수*** [팓삥수] 小豆のかき氷
- **팬*** ファン、P.77
- **편의점*** [펴니점] コンビニ、P.58
- **편지*** 手紙
- **편해요** [펴내요] 楽です、P.79
- **평일** 平日、P.87
- **포도*** ブドウ
- **표*** チケット
- **피워요** 咲きます、P.49
- **피자*** ピザ

ㅎ

- **하나*** 1、一つ、P.56
- **하늘** 空、P.55
- **하얀*** 白い〜
- **하지만*** だけど、しかし

- **학교*** [학꾜] 学校、P.64
- **학년*** [항년] 〜年生、学年、P.81
- **학생*** [학쌩] 学生、生徒、児童、P.64
- **학원** [하권] 塾、予備校、P.92
- **한*** 一つの、P.99
- **한국*** 韓国、P.73
- **한국말*** [한궁말] 韓国語、P.79
- **한국어*** [한구거] 韓国語、P.56
- **한글** ハングル
- **한번** 一度、P.127
- **한복** 韓服（ハンボク）、P.127
- **한식*** 韓食
- **할머니*** （父方の）おばあさん、P.80
- **할아버지*** [하라버지] （父方の）おじいさん、P.80
- **합격** [합껵] 合格、P.92
- **합숙** [합쑥] 合宿、P.92
- **해*** 太陽、年
- **해요*** します、やります、P.89
- **햄버거** ハンバーガー
- **행복해요*** [행보캐요] 幸せです、P.78
- **형*** （弟から見た）お兄さん、P.80
- **형제** 兄弟
- **호*** 〜号、P.98
- **호떡** ホットク
- **호랑이** トラ（虎）
- **혹시** [혹씨] もし、ひょっとして、P.85
- **홍대** ホンデ、弘益大学校、P.131
- **화요일*** 火曜日、P.86
- **화장실*** トイレ、P.70
- **화장품** 化粧品、P.102
- **회사*** 会社

□ **회사원*** 会社員、P.96

□ **후배*** 後輩、P.81

□ **휴가** 休暇、P.87

□ **휴대폰*** 携帯電話

□ **휴일*** 休日、P.87

□ **힙합** [히팝] ヒップホップ、P.90

高校生のための韓国語検定試験

一般社団法人高校韓国語検定協会が主催する日本国内で韓国語を勉強している高校生のための検定試験で、学習者が日頃の学習の成果を試すことができます。毎年12月から1月に実施されており、2024年には全国の62の高校と独学者のために設けられた東京、大阪の試験会場で約2,000人の学習者が受検しました。

100点満点のうち、一定の点数を獲得した受験者はレベルⅠ（50〜79点）とレベルⅡ（80〜100点）に認定され、それぞれ認定証が授与されます。

レベルⅡは、韓国語能力試験(TOPIK)の1級に相当し、現在国内外複数の大学の入試要項に採択されています。

詳しい情報は右のQRコードから高校韓国語検定協会の
公式ウェブサイトに行ってご確認ください。

本文で説明しきれなかったいくつかの内容を補足します。

P.79、107、127

ㄱㄷㅂの音のパッチム＋子音ㅁㄴ➡ㅇㄴㅁ＋ㅁㄴ（鼻音化）

表記	実際の発音
한국말	[**한궁말** ハングンマル]
학년	[**항년** ハンニョン]
작년	[**장년** チャンニョン]

P.102

名詞（パッチム）＋名詞（母音がㅣ、ㅑ、ㅕ、ㅐ、ㅖ、ㅛ、ㅠ）
➡名詞＋ㄴ＋名詞（ㄴ挿入）

表記			実際の発音
부산역	➡ **부산**＋ㄴ＋**역**	➡	[**부산녁** プサンニョク]
무슨 일	➡ **무슨**＋ㄴ＋**일**	➡	[**무슨 닐** ムスン ニル]
무슨 요일	➡ **무슨**＋ㄴ＋**요일**	➡	[**무슨 뇨일** ムスンニョイル]

P.103

名詞（ㄹパッチム）＋名詞で、「ㄴ挿入」のㄴがㄹに（ㄴ挿入＋流音化）

表記			実際の発音
서울역	➡ **서울**＋ㄴ＋**역** ➡ **서울**＋**녁**	➡	[**서울력** ソウルリョク]
정말요	➡ **정말**＋ㄴ＋**요** ➡ **정말**＋**뇨**	➡	[**정말료** チョンマルリョ]

著者プロフィール

武井 一
(たけいはじめ)

成蹊大学大学院法学政治学研究科博士前課程修了。長年にわたり都立日比谷高校、都立杉並総合高校などで韓国語や社会科を教えている。一方社会人向けにも韓国の歴史や文化に関する講座を担当し、『ソウルに刻まれた日本』『慶州で2000年を歩く』『ソウルの王宮めぐり』(以上桐書房)、『朝鮮王宮完全ガイド』(角川ソフィア文庫)、『皇室特派留学生』(白帝社)などの著書もある。高等学校韓国朝鮮語教育ネットワーク(JAKES)、朝鮮学会会員。公益財団法人日韓文化交流基金評議員

ひとりで学べる！

中学生と高校生のための
はじめての韓国語

2025年5月1日　初版発行

著者	武井一

編集	河井佳
デザイン・DTP	洪永愛(Studio H2)
イラスト	サーフ渚
印刷・製本	中央精版印刷株式会社

発行人	裵正烈

発行	株式会社HANA
	〒102-0072 東京都千代田区飯田橋4-9-1
	TEL：03-6909-9380　FAX：03-6909-9388
	E-mail：info@hanapress.com

発売	株式会社インプレス
	〒101-0051 東京都千代田区神田神保町一丁目105番地

ISBN978-4-295-41084-3 C0087
©HANA 2025　Printed in Japan

●本の内容に関するお問い合わせ先
　HANA書籍編集部　TEL：03-6909-9380　FAX：03-6909-9388
　　　　　　　　E-mail：info@hanapress.com

●乱丁本・落丁本の取り替えに関するお問い合わせ先
　インプレス カスタマーセンター　FAX：03-6837-5023
　　　　　　　　E-mail：service@impress.co.jp
　※古書店で購入されたものについてはお取り換えできません